특별훈련

서술형

Writing

2

실력

Happy House

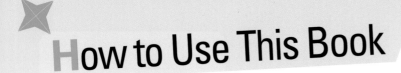

How to Use This Book

영어 구문 100개로 완성하는
내신 서술형 문장 쓰기 집중 훈련

핵심구문을 토대로 시험에 출제되는 문법 개념을 이해하고, 다양한 서술형 문제 쓰기 훈련을 통해 실전에 대비
합니다.

* 한눈에 쏙 들어오는 도표를 통해 핵심 구문을 쉽게 파악할 수 있습니다.

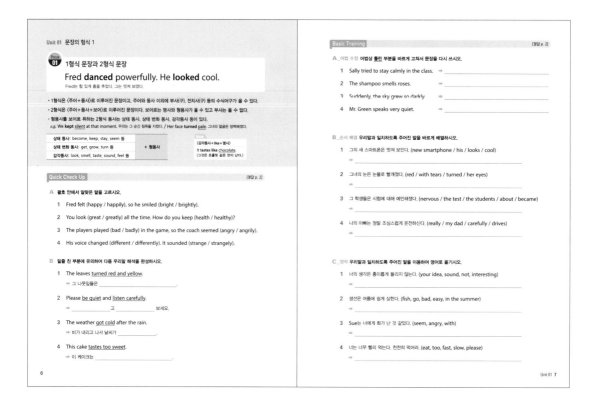

다양한 주관식/서술형 문제
간단한 문법 확인 문제와 서술형에서 자주 출제되는 어법 수정, 순서 배열, 영작, 문장 완성, 문장 전환 등의
다양한 유형별 문제로 충분한 문장 쓰기 연습을 합니다.

* **Quick Check Up** Focus에서 학습한 문법 내용을 이해했는지 확인합니다.

* **Basic Training** Focus에서 학습한 구문을 토대로 서술형 시험에 자주 출제되는 유형을 훈련합니다.

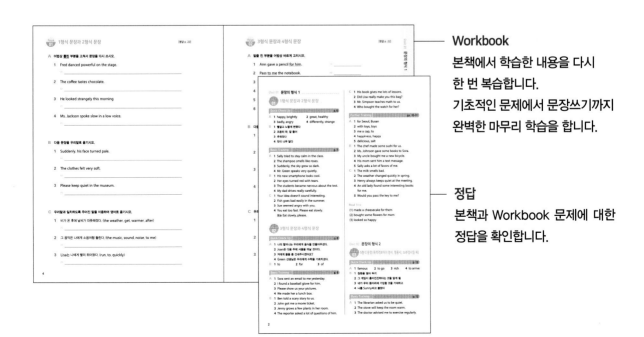

실전 대비 문제

Unit별로 학습한 내용을 종합하여 학교 시험에서 자주 나오는 유형과 서술형 신유형 문제, 조건 제시형, 단락 완성형, 그림 제시형 등의 문제를 풀어 봄으로써 실전 서술형에 대비합니다.

* **Further Training** Unit별로 학습한 내용을 종합한 서술형 문제로 훈련합니다.
* **Real Test** 서술형 시험에서 자주 출제되는 유형을 연습하면서 실전 감각을 기를 수 있습니다.

Workbook

본책에서 학습한 내용을 다시 한 번 복습합니다.
기초적인 문제에서 문장쓰기까지 완벽한 마무리 학습을 합니다.

정답

본책과 Workbook 문제에 대한 정답을 확인합니다.

Contents

Focus 01 1형식 문장과 2형식 문장

Fred **danced** powerfully. He **looked** cool.

Fred는 힘 있게 춤을 추었다. 그는 멋져 보였다.

- 1형식은 〈주어＋동사〉로 이루어진 문장이고, 주어와 동사 이외에 부사(구), 전치사(구) 등의 수식어구가 올 수 있다.
- 2형식은 〈주어＋동사＋보어〉로 이루어진 문장이다. 보어로는 명사와 형용사가 올 수 있고 부사는 올 수 없다.
- 형용사를 보어로 취하는 2형식 동사는 상태 동사, 상태 변화 동사, 감각동사 등이 있다.

  e.g. We **kept** silent at that moment. 우리는 그 순간 침묵을 지켰다. / Her face **turned** pale. 그녀의 얼굴은 창백해졌다.

상태 동사: become, keep, stay, seem 등	
상태 변화 동사: get, grow, turn 등	＋ 형용사
감각동사: look, smell, taste, sound, feel 등	

Note

〈감각동사＋like＋명사〉

e.g. It **tastes like** chocolate.
(그것은 초콜릿 같은 맛이 난다.)

Quick Check Up

[정답 p. 2]

A 괄호 안에서 알맞은 말을 고르시오.

1 Fred felt (happy / happily), so he smiled (bright / brightly).

2 You look (great / greatly) all the time. How do you keep (health / healthy)?

3 The players played (bad / badly) in the game, so the coach seemed (angry / angrily).

4 His voice changed (different / differently). It sounded (strange / strangely).

B 밑줄 친 부분에 유의하여 다음 우리말 해석을 완성하시오.

1 The leaves <u>turned red and yellow</u>.

➡ 그 나뭇잎들은 _____.

2 Please <u>be quiet</u> and <u>listen carefully</u>.

➡ _____고 _____ 보세요.

3 The weather <u>got cold</u> after the rain.

➡ 비가 내리고 나서 날씨가 _____.

4 This cake <u>tastes too sweet</u>.

➡ 이 케이크는 _____.

A_어법 수정 어법상 **틀린** 부분을 바르게 고쳐서 문장을 다시 쓰시오.

1 Sally tried to stay calmly in the class. ➡ _____

2 The shampoo smells roses. ➡ _____

3 Suddenly, the sky grew so darkly. ➡ _____

4 Mr. Green speaks very quiet. ➡ _____

B_순서 배열 우리말과 일치하도록 주어진 말을 바르게 배열하시오.

1 그의 새 스마트폰은 멋져 보인다. (new smartphone / his / looks / cool)

➡ _____

2 그녀의 눈은 눈물로 빨개졌다. (red / with tears / turned / her eyes)

➡ _____

3 그 학생들은 시험에 대해 예민해졌다. (nervous / the test / the students / about / became)

➡ _____

4 나의 아빠는 정말 조심스럽게 운전하신다. (really / my dad / carefully / drives)

➡ _____

C_영작 우리말과 일치하도록 주어진 말을 이용하여 영어로 옮기시오.

1 너의 생각은 흥미롭게 들리지 않는다. (your idea, sound, not, interesting)

➡ _____

2 생선은 여름에 쉽게 상한다. (fish, go, bad, easy, in the summer)

➡ _____

3 Sue는 너에게 화가 난 것 같았다. (seem, angry, with)

➡ _____

4 너는 너무 빨리 먹는다. 천천히 먹어라. (eat, too, fast, slow, please)

➡ _____

Focus 02 3형식 문장과 4형식 문장

Ann **gave** me a cookie. She **made** it.

Ann은 내게 쿠키를 주었다. 그녀가 그것을 만들었다.

- 3형식 문장은 〈주어+동사+목적어〉로 이루어진 문장이고, 목적어로는 명사, 대명사, 동명사, to부정사가 올 수 있다.
- 4형식 문장은 〈주어+동사+간접목적어+직접목적어〉로 이루어진 문장이며, 4형식에는 수여동사가 주로 쓰인다.
- 4형식 문장은 〈주어+동사+직접목적어+전치사+간접목적어〉의 3형식 문장으로 바꿔 쓸 수 있다. 간접목적어 앞의 전치사는 동사에 따라 to, for, of를 쓴다.

  e.g. Ann **gave** me a cookie. (4형식)
  → Ann **gave** a cookie **to** me. (3형식)

give, send, teach, pass, tell, show 등	to+간접목적어
make, buy, get, find, cook 등	for+간접목적어
ask 등	of+간접목적어

Quick Check Up

[정답 p. 2]

A 문장의 목적어에 밑줄을 치고 우리말로 옮기시오.

1 My grandma cooked us some food. ⇒ _____

2 Joan will leave Seoul next week. ⇒ _____

3 Can you pass me the water? ⇒ _____

4 Ms. Green taught math to us. ⇒ _____

B 두 문장이 같은 뜻이 되도록 빈칸에 알맞은 말을 쓰시오.

1 Mina gave me this gift.

   ⇒ Mina gave this gift _____ me.

2 We will buy our parents some carnations.

   ⇒ We will buy some carnations _____ our parents.

3 May I ask you a favor?

   ⇒ May I ask a favor _____ you?

A_문장 전환 3형식 문장은 4형식 문장으로, 4형식 문장은 3형식 문장으로 바꿔 쓰시오.

1 Sora sent me an email yesterday. ⇒ _____

2 I found him a baseball glove. ⇒ _____

3 Please show your pictures to us. ⇒ _____

4 We made a lunch box for her. ⇒ _____

B_순서 배열 우리말과 일치하도록 주어진 말을 바르게 배열하시오.

1 Ben은 우리에게 무서운 이야기를 해주었다. (told / us / Ben / to / a scary story)

⇒ _____

2 John은 나에게 영화표를 사주었다. (John / a movie ticket / me / got)

⇒ _____

3 Jenny는 그녀의 방에 몇 개의 식물을 기른다. (grows / Jenny / in her room / plants / a few)

⇒ _____

4 그 기자는 그에게 많은 질문을 했다. (asked / the reporter / of / a lot of / him / questions)

⇒ _____

C_영작 우리말과 일치하도록 주어진 말을 이용하여 영어로 옮기시오.
(주어진 말에 전치사가 없으면 4형식 문장으로 쓸 것)

1 그의 책은 나에게 많은 교훈을 준다. (give, lots of lessons)

⇒ _____

2 Lisa가 정말로 너에게 이 가방을 만들어주었니? (really, make, this bag)

⇒ _____

3 Simpson 선생님은 우리에게 수학을 가르치신다. (Mr. Simpson, teach, to)

⇒ _____

4 누가 그녀에게 그 시계를 사주었니? (buy, the watch, for)

⇒ _____

A 우리말과 일치하도록 괄호 안에서 알맞은 것을 고르시오.

1 그 기차는 서울로 떠났다.   ➡ The train left (Seoul / for Seoul).

   그것은 10분 전에 부산을 떠났다.   ➡ It left (Busan / for Busan) 10 minutes ago.

2 그 아이는 장난감을 갖고 논다.   ➡ The child plays (toys / with toys).

   그는 손에 장난감을 갖고 있다.   ➡ He has (toys / with toys) in his hand.

3 소라는 나에게 모자를 사주었다.   ➡ Sora bought (me a cap / a cap to me).

   나는 그것을 Sam에게 보여주었다.   ➡ I showed it (to / for) Sam.

4 너는 행복을 아니?   ➡ Do you know (happy / happiness)?

   너는 행복하니?   ➡ Do you feel (happy / happiness)?

5 그 수프는 매우 맛있게 보였다.   ➡ The soup looked so (delicious / deliciously).

   그러나 그것은 너무 짰다.   ➡ But it tasted like (salt / salty).

B 다음 문장을 지시에 맞게 바꿔 쓰시오.

1 The chef made us some sushi. (3형식 문장으로)

   ➡ _____

2 Ms. Johnson gave Sora some books. (3형식 문장으로)

   ➡ _____

3 My uncle bought a new bicycle for me. (4형식 문장으로)

   ➡ _____

4 His mom sent a text message to him. (4형식 문장으로)

   ➡ _____

5 Sally asks me a lot of favors. (3형식 문장으로)

   ➡ _____

C 어법상 <u>틀린</u> 부분을 바르게 고쳐서 문장을 다시 쓰시오.

1 The milk smells badly.

➡ _____

2 The weather changed quick in spring.

➡ _____

3 Henry always keeps quietly at the meeting.

➡ _____

4 An old lady found some interesting books to me.

➡ _____

5 Would you pass the key for me?

➡ _____

Real Test

그림을 보고 주어진 표현을 이용하여 어버이날에 두 사람이 무엇을 했는지 쓰시오.

Last weekend was Parents Day. My sister and I wanted something special for our parents.
So we prepared lunch for them. (1) My sister _____.
(make, cheesecake, for) I cooked some spaghetti and salad. My mom likes flowers.
(2) So we _____. (buy, some flowers, for) (3) My
parents _____. (look, happy, so) My sister and I
felt great.

Focus 03 5형식 문장(목적격보어가 명사, 형용사, to부정사일 때)

She **allowed** me **to go** there.

그녀는 내가 거기에 가도록 허락했다.

- 5형식 문장은 〈주어＋동사＋목적어＋목적격보어〉로 이루어진 문장이다. 목적격보어는 동사에 따라 명사, 형용사, to부정사가 쓰인다.
- 5형식 문장은 '목적어가 목적격보어 하도록 …하다'라는 뜻을 나타낸다.

make, keep, find, think, call, name, elect 등		명사
make, keep, find, leave, consider 등	＋목적어＋	형용사
allow, expect, advise, want, tell, ask, order 등		to부정사

Quick Check Up

[정답 p. 2]

A 괄호 안에서 알맞은 말을 고르시오.

1 The TV drama made him (famous / famously).

2 Ms. Wilson allowed him (go / to go) home early.

3 People considered the man (rich / richly).

4 I want you (arrive / to arrive) on time.

B 밑줄 친 부분에 유의하여 다음 우리말 해석을 완성하시오.

1 Don't <u>leave the window open</u>.

➡ _____ 마시오.

2 They will <u>find the game exciting</u> soon.

➡ 그들은 곧 _____ 것이다.

3 We are <u>expecting you to join our club</u>.

➡ 우리는 _____ 있다.

4 My mom <u>called me Sunny</u>.

➡ 나의 엄마는 _____ .

A _ 어법 수정 어법상 **틀린** 부분을 바르게 고쳐서 문장을 다시 쓰시오.

1 The librarian asked us be quiet.

➡ _____

2 The stove will keep the room warmly.

➡ _____

3 The doctor advised me exercise regularly.

➡ _____

B _ 순서 배열 우리말과 일치하도록 주어진 말을 바르게 배열하시오.

1 Sally는 그 소파가 편하다는 것을 알았다. (found / Sally / comfortable / the sofa)

➡ _____

2 그 회원들은 수진을 대표로 선출했다. (the leader / elected / the members / Sujin)

➡ _____

3 그들은 그들의 아기를 Crystal이라고 이름 지었다. (named / Crystal / they / their baby)

➡ _____

4 Dan은 너를 진정한 친구라고 생각하니? (Dan / does / consider / a true friend / you)

➡ _____

C _ 영작 우리말과 일치하도록 주어진 말을 이용하여 영어로 옮기시오.

1 너는 그것을 비밀로 할 수 있니? (can, keep, a secret)

➡ _____

2 사장은 우리에게 신상품을 개발하라고 지시했다. (order, the boss, develop, new products)

➡ _____

3 그 택시운전사는 나에게 안전벨트를 매라고 말했다. (the taxi driver, tell, wear, the seatbelt)

➡ _____

4 그의 비디오 영상은 그를 행운의 남자로 만들었다. (video clip, make, a lucky man)

➡ _____

Focus 04 5형식 문장(목적격보어가 동사원형일 때)

Sue **had** me **carry** the boxes.

Sue는 내가 그 상자들을 나르도록 시켰다.

· 사역동사와 지각동사는 목적격보어로 동사원형을 쓴다. 지각동사는 동작의 진행을 강조할 때 현재분사를 쓰기도 한다.

· help는 목적격보어로 동사원형과 to부정사 둘 다 쓴다.

사역동사: let, have, make	+목적어+	동사원형
지각동사: see, hear, watch, feel, smell 등		동사원형/현재분사
help		동사원형/to부정사

Note

사역(시키다)의 의미를 가진 동사 get은 목적격보어로 to부정사를 취한다.

e.g. Mom **got** me **to clean** the room.
(엄마는 나에게 방을 청소하도록 시켰다.)

Quick Check Up

[정답 p. 3]

A 괄호 안에서 알맞은 말을 고르시오.

1 Did you hear someone (crying / to cry)?

2 Mom made me (call / to call) Dad.

3 Jason helped his brother (doing / to do) his homework.

4 The referee didn't see the player (foul / to foul).

B 우리말과 일치하도록 주어진 말을 이용하여 문장을 완성하시오.

1 제가 지금 바로 집에 가게 해 주세요. (let, go, me)

➡ Please _____ _____ _____ home right now.

2 나는 그 고양이가 내 손을 핥고 있는 것을 느꼈다. (feel, lick, the cat)

➡ I _____ _____ _____ _____ my hand.

3 Paul은 자신의 아빠가 컴퓨터 고치는 것을 도와드렸다. (help, repair, his dad)

➡ Paul _____ _____ _____ _____ the computer.

A _ 어법 수정 어법상 틀린 부분을 바르게 고쳐서 문장을 다시 쓰시오.

1 The man had his children cleaning the room.

➡ _____

2 We watched our teacher to appear on a TV show.

➡ _____

3 My parents always get me wash my hands before I have meals.

➡ _____

B _ 순서 배열 우리말과 일치하도록 주어진 말을 바르게 배열하시오.

1 그 소설의 슬픈 결말은 나를 울게 했다. (made / the sad ending / cry / of the novel / me)

➡ _____

2 당신의 이메일 주소를 제게 알려주세요. (know / please / let / your email address / me)

➡ _____

3 그는 내가 그 프로젝트를 끝내도록 도와주었다. (helped / the project / he / me / finish)

➡ _____

C _ 영작 우리말과 일치하도록 주어진 말을 이용하여 영어로 옮기시오.

1 Green 선생님은 우리에게 그 책상을 옮기라고 시키셨다. (Ms. Green, have, move)

➡ _____

2 우리는 한 남자아이가 드론을 날리고 있는 것을 보았다. (see, fly a drone, a boy)

➡ _____

3 나는 한 노인이 그 집을 찾으시도록 도와드렸다. (help, find, to, an old woman)

➡ _____

4 당신의 조언은 저를 더 나은 사람으로 만들게 했습니다. (advice, make, become, a better person)

➡ _____

A 우리말과 일치하도록 주어진 말을 이용하여 문장을 완성하시오.

1 `make`

그 축제는 그 도시를 부유하게 만들었다. (rich, the city)

➡ The festival _____ .

그의 병은 그의 모든 재산을 잃게 했다. (lose)

➡ His illness _____ all his money.

2 `keep`

나의 여동생은 그것을 비밀로 간직했다. (it, a secret)

➡ My sister _____ .

이 머플러는 너를 따뜻하게 할 것이다. (warm)

➡ This scarf _____ .

3 `find`

Turner 선생님은 무언가가 잘못되었다는 것을 알았다. (wrong, something)

➡ Ms. Turner _____ .

그 부부는 그녀가 호기심 많고 재미있다는 것을 알았다. (curious)

➡ The couple _____ and funny.

고난도

B 대화를 읽고 주어진 말을 이용하여 (1)~(3)의 내용을 전달하는 문장을 완성하시오. (과거시제로 쓸 것)

Mom: (1) Can you help me to set the table?

Sora : No problem. What should I do?

Mom: (2) Put the spoons and forks on the table.

Sora : Okay. Mom, can I play badminton with Lyn after lunch?

Mom: (3) Sure, you can.

(1) Mom _____ to set the table. (ask)

(2) Mom _____ the spoons and forks on the table. (tell)

(3) Mom _____ badminton with Lyn after lunch. (allow)

C 우리말과 일치하도록 어법상 틀린 부분을 찾아 바르게 고치시오.

1 나는 Jim이 Suzie와 함께 이야기하고 있는 것을 보았다.

➡ I saw Jim talked with Suzie. _____ ➡ _____

2 Ted는 우리가 크리스마스트리 장식하는 것을 도와주었다.

➡ Ted helped us decorating the Christmas tree. _____ ➡ _____

3 나의 이웃은 정원에 개를 풀어놓는다.

➡ My neighbor leaves the dog freely in the garden. _____ ➡ _____

4 할아버지는 나에게 일찍 일어나라고 시키셨다.

➡ My grandfather had me to get up early. _____ ➡ _____

5 그 감독은 Daniel이 부지런한 소년이라고 생각했다.

➡ The director considered Daniel diligence. _____ ➡ _____

Real Test

조건 에 맞게 다음 우리말을 영어로 옮기시오.

> 조건 1. 괄호 안의 말을 사용하시오.
> 2. 8단어의 문장으로 서술하시오.

1 너는 Karl이 자신의 방에 혼자 있도록 내버려 두어야 한다. (let, alone, in his room)

➡ _____

2 나는 벌 한 마리가 내 귓가에서 윙윙대고 있는 소리를 들었다. (hear, a bee, buzz, around my ear)

➡ _____

3 Mia는 나에게 따뜻한 코트를 입으라고 조언했다. (advise, wear, a warm coat)

➡ _____

Focus 05 현재시제와 과거시제

I usually **get up** at 7, but I **got up** at 9 this morning.

나는 보통 7시에 일어나지만, 오늘 아침에는 9시에 일어났다.

- 현재시제는 현재의 상태나 습관, 불변의 진리, 과학적 사실 등을 나타낼 때 쓴다.
  e.g. The sun **rises** in the east. 불변의 진리 (태양은 동쪽에서 뜬다.)

- 과거시제는 과거의 상태나 과거에 일어난 일, 역사적 사실 등을 나타낸다.
  e.g. The Wright brothers **invented** the first successful airplane in 1903. 역사적 사실
  (Wright 형제는 1903년에 최초의 성공적인 비행기를 발명했다.)

현재시제	동사의 현재형	현재의 상태나 습관, 불변의 진리, 과학적 사실
과거시제	동사의 과거형	과거의 상태나 과거에 일어난 일, 역사적 사실

Quick Check Up
[정답 p. 3]

A 괄호 안에서 알맞은 말을 고르시오.

1 Daniel (plays / played) on our team now.

He (plays / played) on another team three years ago.

2 Jenny (has / had) a dance lesson every Tuesday.

But she (doesn't / didn't) have a lesson last week.

3 There (is / was) some bread on the table an hour ago.

There (isn't / wasn't) any now.

B 우리말과 일치하도록 주어진 말을 사용하여 문장을 완성하시오.

1 지난밤 큰 화재가 났다. (break out)

➡ A big fire _____ _____ last night.

2 Greg는 보통 아침을 먹기 전에 세수를 한다. (wash his face)

➡ Greg usually _____ _____ _____ before breakfast.

3 수성은 태양계에서 가장 작은 행성이다. (be)

➡ Mercury _____ the smallest planet in the Solar System.

A _ 어법 수정 어법상 틀린 부분을 바르게 고쳐서 문장을 다시 쓰시오.

1 Oil didn't mix with water.

➡ _____

2 The baby doesn't sleep well last night.

➡ _____

3 The two Koreas march under one flag at the Sydney 2000 Olympics.

➡ _____

4 My uncle flight a drone every weekend.

➡ _____

B _ 순서 배열 우리말과 일치하도록 주어진 말을 바르게 배열하시오.

1 이 근처에 유명한 식당이 하나 있다. (near here / there / famous / is / restaurant / a)

➡ _____

2 나는 일주일 전에 Sam과 놀이공원에 갔다.
(to / with Sam / I / the amusement park / a week ago / went)

➡ _____

3 백년전쟁은 1337년에서 1453년까지 지속되었다.
(The Hundred Years' War / to 1453 / lasted / from 1337)

➡ _____

C _ 영작 우리말과 일치하도록 주어진 말을 이용하여 영어로 옮기시오.

1 Gina는 외출할 때 자주 모자를 쓴다. (often, wear, a cap, when, go out)

➡ _____

2 Fred는 오늘 아침 토스트와 우유를 먹었다. (eat, toast and milk, this morning)

➡ _____

3 센토사는 싱가포르의 작은 섬이다. (Sentosa, be, a small island, in Singapore)

➡ _____

06 진행형과 미래시제

Dan **is playing** soccer now. He **will stop** it soon.

Dan은 지금 축구를 하고 있다. 그는 곧 그것을 그만둘 것이다.

- 현재시제와 과거시제에서 진행의 의미를 나타낼 때 현재진행형과 과거진행형을 사용한다. 단, 소유나 상태를 나타내는 동사는 진행형으로 쓰지 않는다.

  e.g. I'm having a sister. (×)　→ I **have** a sister. (○)

  He is knowing me well. (×) → He **knows** me well. (○)

- 미래시제는 will이나 be going to로 표현한다. will은 미래에 대한 예측이나 의지를 나타내고, be going to는 예정된 미래의 일을 나타낼 때 쓰인다.

진행형	현재진행형	be동사의 현재형＋동사원형-ing	～하는 중이다
	과거진행형	be동사의 과거형＋동사원형-ing	～하는 중이었다
미래시제		will＋동사원형	～할 예정[것]이다
		be going to＋동사원형	～할 예정[계획]이다

> **Note**
>
> **소유 동사와 상태 동사**
>
> 소유 동사: have, own, belong to 등
> 상태 동사: know, understand, like, love, hate 등

Quick Check Up

[정답 p. 3]

A 괄호 안에서 알맞은 말을 고르시오.

1 We (are / were) listening to the radio now.

2 What (do / are) Henry and Andy doing there?

3 Minha (is / will) watch the soccer game tonight.

4 I (am / will) going to invite Jessie to the party next week.

B 우리말과 일치하도록 주어진 말을 알맞은 형태로 바꿔 쓰시오.

1 나의 삼촌은 내일 네팔로 여행을 떠날 것이다. (travel)

　➡ My uncle ＿＿＿＿＿ ＿＿＿＿＿ ＿＿＿＿＿ ＿＿＿＿＿ to Nepal tomorrow.

2 고양이 한 마리가 벤치에 앉아 있었다. (sit)

　➡ A cat ＿＿＿＿＿ ＿＿＿＿＿ on the bench.

3 Eric은 지금 통화 중이다. (talk)

　➡ Eric ＿＿＿＿＿ ＿＿＿＿＿ on the phone now.

A_어법 수정 밑줄 친 부분을 바르게 고쳐서 문장을 다시 쓰시오.

1 I <u>will scored</u> a goal during the game tomorrow.

➡ _____

2 The baby <u>slept</u> in the room now.

➡ _____

3 They <u>are loving</u> each other.

➡ _____

4 Water <u>boiled</u> at 100 degrees.

➡ _____

B_문장 전환 다음 문장을 괄호 안의 지시대로 바꿔 쓰시오.

1 He watches news on TV. (현재진행형으로)

➡ _____

2 Brian sent a text message to her. (미래시제로)

➡ _____

3 The boy rode his bike in the park. (과거진행형으로)

➡ _____

C_영작 우리말과 일치하도록 주어진 말을 이용하여 영어로 옮기시오.

1 그 음악가는 무대에서 기타를 치고 있었다. (the musician, guitar, on the stage)

➡ _____

2 그 뮤지컬 표는 6월에 판매가 될 것이다. (the ticket for the musical, go on sale, June)

➡ _____

3 나의 남동생은 지금 내 티셔츠를 입고 있다. (wear)

➡ _____

A 밑줄 친 부분을 어법상 바르게 고쳐서 문장을 다시 쓰시오.

1 In 2015, the earthquake <u>will destroy</u> everything in the city.

➡ _____

2 <u>Do you going to visit</u> your grandparents tomorrow?

➡ _____

3 I <u>am understanding</u> your situation.

➡ _____

4 Whales <u>were</u> mammals but <u>lived</u> in the sea like fish.

➡ _____

5 He <u>isn't listening to</u> me then.

➡ _____

6 I <u>make</u> lots of mistakes on the test last week.

➡ _____

B 주어진 말을 이용하여 대화를 완성하시오.

1 A: Amy, what were you doing at 10 a.m.?

B: I _____ (read a newspaper) then.

2 A: Where is Ryan now?

B: He is in his room. He _____ (talk on the phone) with Jamie.

3 A: Do you have any plans for the vacation?

B: Sure. I _____ (be going to, walk) along the Jeju Olle Trail.

4 A: Minho fell on the stairs and _____ (injure his knees) yesterday.

B: Really? That's too bad.

[정답 p. 4]

빈출 유형

C 우리말과 일치하도록 어법상 틀린 부분을 바르게 고치시오.

1 나는 그때 그림을 그리고 있지 않았다.

   ➡ I didn't drawing a picture at that time.   _____ ➡ _____

2 너는 언제 이를 닦을 거니?

   ➡ When did you brush your teeth?   _____ ➡ _____

3 소라는 이번 달에 돌아오지 않을 것이다.

   ➡ Sora doesn't going to come back this month.   _____ ➡ _____

4 그 자전거는 내 소유가 아니다.

   ➡ The bike isn't belonging to me.   _____ ➡ _____

5 프랑스는 2018년에 월드컵에서 우승했다.

   ➡ France wins the world cup in 2018.   _____ ➡ _____

Real Test

조건에 맞게 다음 우리말을 영어로 옮기시오.

1 Mia와 Sally가 방에서 너를 기다리고 있다.

   조건 1. 다음 말을 사용하시오. (waiting for, in the room)
         2. 10단어의 문장으로 서술하시오.

   ➡ _____

2 Jason이 곧 이곳에 도착할 것이다.

   조건 1. 다음 말을 사용하시오. (arrive, here, soon)
         2. 7단어의 문장으로 서술하시오.

   ➡ _____

Focus 07 현재완료의 개념과 의미

I **have taken** piano lessons for five years.

나는 5년동안 피아노 수업을 받아 왔다.

- 현재완료는 과거에 시작된 일이 현재에 영향을 미칠 때 쓰며, 형태는 〈have/has＋과거분사〉이다.
  e.g. I began to take piano lessons. I still take the piano lessons.
  → I **have taken** piano lessons.

- 현재완료는 계속, 완료, 경험, 결과를 의미하며, already, yet, ever, before 등의 부사와 함께 쓰인다. 현재완료는 현재에도 영향을 미치기 때문에 yesterday, ago, last, when 등의 과거나 과거 시점을 나타내는 표현과 함께 쓰이지 않는다.
  e.g. Nick **has** just **finished** his homework. 완료 (Nick은 그의 숙제를 막 끝냈다.)
  Henry **has been** to Vietnam three times. 경험 (Henry는 베트남에 세 번 가봤다.)
  My brother **has lost** his cap. 결과 (나의 남동생은 자신의 모자를 잃어버렸다.)

현재완료의 의미		함께 쓰이는 부사(구)
계속	(과거부터) 계속 ~해 왔다	for＋기간, since＋시작 시점
완료	(과거에 시작된 일을) 막/이미 ~했다	already, yet, just
경험	(과거부터 지금까지) ~한 적이 있다	ever, never, once, before
결과	(과거에) ~해 버렸다(그래서 지금은 …한 상태이다)	

> **Note**
> - have been to와 have gone to는 각각 경험과 결과를 뜻한다.
>   *e.g.* Henry **has been** to Vietnam.
>   (경험_Henry는 베트남에 가 본 적이 있다.)
>   Henry **has gone** to Vietnam.
>   (결과_Henry는 베트남에 가버렸다.)
>
> - 과거분사
>   be동사의 과거분사형은 been이고, 일반동사의 과거분사형은 규칙변화와 불규칙변화가 있다. 규칙변화는 〈동사원형-ed〉의 형태로 쓰고, 불규칙변화는 동사마다 다르므로 각각 알아두어야 한다.

Quick Check Up

[정답 p. 4]

우리말과 일치하도록 괄호 안에서 알맞은 말을 고르시오.

1 Gina는 Dan을 전에 만난 적이 있다.

➡ Gina (met / has met) Dan before.

Gina는 한 시간 전에 Dan을 만났다.

➡ Gina (met / has met) Dan one hour ago.

2 그는 숙제를 아직 끝내지 못했다.

➡ He (didn't finish / hasn't finished) his homework yet.

그는 어제 숙제를 끝내지 못했다.

➡ He (didn't finish / hasn't finished) his homework yesterday.

A _ 어법 수정 밑줄 친 부분을 어법상 바르게 고쳐서 문장을 다시 쓰시오.

1 She <u>has lived</u> in Jeonju three years ago.

➡ _____

2 When <u>have you lost</u> your cell phone?

➡ _____

3 Sora <u>has gone to</u> Jeju Island many times.

➡ _____

B _ 순서 배열 우리말과 일치하도록 주어진 말을 바르게 배열하시오.

1 그 의사는 그 수술을 방금 끝냈다. (just / the doctor / finished / has / the operation)

➡ _____

2 Fred는 자기 나라로 가버렸다. (Fred / to / has / his country / gone)

➡ _____

3 그 가수는 2015년부터 해외에서 공연을 해 오고 있다.
(since / has / abroad / the singer / 2015 / performed)

➡ _____

C _ 영작 우리말과 일치하도록 주어진 말을 이용하여 영어로 옮기시오.

1 나는 방금 소라로부터 이메일을 받았다. (receive, just, from, Sora)

➡ _____

2 Sally는 한 달 동안 이 호텔에 머물고 있다. (stay, in this hotel)

➡ _____

3 그 기차는 이미 그 역을 떠났다. (leave, already, the station)

➡ _____

4 Sean은 그 웹사이트에 방문한 적이 몇 번 있다. (visit, the website, several times)

➡ _____

08 현재완료의 부정문과 의문문

I **have never seen** a UFO. **Have you seen** one?

나는 UFO를 본 적이 없다. 너는 본 적이 있니?

- 현재완료의 부정문은 〈have/has + not/never + 과거분사〉의 형태로 쓰고, 의문문은 〈Have/Has + 주어 + 과거분사 ~?〉의 형태로 쓴다.
- 의문사가 있을 경우 〈의문사 + have/has + 주어 + 과거분사 ~?〉의 형태로 쓴다.
  e.g. How long **have** you **stayed** here? (너는 여기에 얼마나 오랫동안 머물고 있니?)

현재완료의 부정문	have/has + not/never + 과거분사	
현재완료의 의문문	Have/Has + 주어 + 과거분사 ~?	− Yes, 주어 + have/has. − No, 주어 + have/has + not.
	의문사 + have/has + 주어 + 과거분사 ~?	

Quick Check Up [정답 p. 4]

다음 문장을 부정문과 의문문으로 바꿔 쓸 때 빈칸에 알맞은 말을 쓰시오.

1 He has volunteered before.

➡ He ＿＿＿＿＿ ＿＿＿＿＿ ＿＿＿＿＿ yet.

➡ ＿＿＿＿＿ he ever ＿＿＿＿＿ before?

2 Jim has already arrived at the airport.

➡ Jim ＿＿＿＿＿ ＿＿＿＿＿ ＿＿＿＿＿ at the airport yet.

➡ ＿＿＿＿＿ Jim ＿＿＿＿＿ at the airport yet?

3 The artist has painted nature.

➡ The artist ＿＿＿＿＿ ＿＿＿＿＿ ＿＿＿＿＿ nature.

➡ ＿＿＿＿＿ the artist ＿＿＿＿＿ nature?

4 The boy has visited his uncle three times so far this week.

➡ The boy ＿＿＿＿＿ ＿＿＿＿＿ ＿＿＿＿＿ his uncle this week.

➡ How often ＿＿＿＿＿ the boy ＿＿＿＿＿ his uncle this week?

[정답 p. 4]

A_어법 수정 어법상 틀린 부분을 바르게 고쳐서 문장을 다시 쓰시오.

1 We do have not prepared dinner yet.

➡ _____

2 Did Minho been in hospital since last week?

➡ _____

3 Do you ever been to Australia before?

➡ _____

4 We never have been in the same class before.

➡ _____

B_순서 배열 우리말과 일치하도록 주어진 말을 바르게 배열하시오.

1 Alex는 자신의 약속을 지킨 적이 없다. (Alex / his promise / never / kept / has)

➡ _____

2 너는 요즘 어떻게 지냈니? (have / these days / how / you / been)

➡ _____

3 나는 아직 숙제를 끝내지 못했다. (have / my homework / I / not / yet / finished)

➡ _____

C_영작 우리말과 일치하도록 주어진 말을 이용하여 영어로 옮기시오. (현재완료로 쓸 것)

1 나의 삼촌은 그 회사에서 일하는 것을 그만두었다. (uncle, stop, work, for that company)

➡ _____

2 그 박물관은 얼마나 오랫동안 고흐의 그림을 전시하고 있니?
(how long, the museum, display, Van Gogh's paintings)

➡ _____

3 그 야구 경기는 아직 끝나지 않았다. (the baseball game, end, yet)

➡ _____

A 두 문장을 한 문장으로 나타낼 때 문장을 완성하시오.

1 Andy lost his new bike. So he doesn't have it now.

⇒ Andy _____ .

2 Mina began chatting with Sam one hour ago. She is chatting with him now.

⇒ Mina _____ .

3 Dan went to Germany. So he isn't here now.

⇒ Dan _____ .

4 We saw the movie last week. We saw it again this week.

⇒ We _____ twice.

5 Seojun started to live in Busan last year. He is still living there.

⇒ _____

빈출 유형

B 주어진 말을 활용하여 대화의 빈칸을 완성하시오.

1 A: _____(be, ever) to France?

B: Yes, I have. I _____(go) there two years ago.

2 A: _____(how long, the man, wait) for her?

B: He has waited for three hours.

3 A: _____(Mina, finish, already) her homework?

B: No, she hasn't yet.

4 A: Ben, what's wrong?

B: I _____(leave) my cell phone at home.
　 Can I use your phone?

5 A: _____(how often, be late) to school?

B: Three times so far.

C 우리말과 일치하도록 어법상 <u>틀린</u> 부분을 바르게 고치시오.

1 그는 1시간 전에 춤 연습을 끝냈다.

➡ He has finished dance practice one hour ago. _____ ⇒ _____

2 어젯밤부터 폭우가 내리고 있다.

➡ It has rained heavily for last night. _____ ⇒ _____

3 나는 전에 짧은 치마를 입어 본 적이 전혀 없다.

➡ I never worn a short skirt before. _____ ⇒ _____

4 그 지도자는 자신의 특별 항공기를 이용해 왔니?

➡ Have the leader used his special airplane? _____ ⇒ _____

5 너는 언제 그 책을 읽었니?

➡ When have you read the book? _____ ⇒ _____

Real Test

그림을 보고 주어진 말과 문장 안의 표현을 이용하여 문장을 완성하시오.

1

naver

Eugene _____ before, but he will try Thai food for lunch today.

2

ever

Lyn, _____ before? You should lift weights for your health.

3

so

I _____ these days. How about you? Have you been busy these days, too?

Focus 09 과거완료시제

Dan **had waited** for two hours when I arrived.

내가 도착했을 때 Dan은 두 시간 동안 기다리고 있었다.

· 과거완료는 과거의 한 시점을 기준으로 그 이전에 일어난 일을 나타낼 때 쓰며, 형태는 〈had＋과거분사〉이다.

· 과거완료는 과거에 일어난 두 가지 일 중에서 먼저 일어난 일(대과거)을 나타낼 때 쓴다.

e.g. Amy gave her sister the watch that I **had bought** for her. (Amy는 내가 사주었던 시계를 그녀의 여동생에게 주었다.)
(Amy에게 시계를 사준 것이 그것을 여동생에게 준 것보다 먼저 일어난 일)

과거완료의 형태	had＋과거분사	
과거완료의 부정문	had＋not/never＋과거분사	
과거완료의 의문문	Had＋주어＋과거분사 ～?	– Yes, 주어＋had. – No, 주어＋had＋not.
	의문사＋had＋주어＋과거분사 ～?	

Note
과거시제와 과거완료시제
시간 순서를 분명히 알 수 있을 때는 과거완료 시제 대신 단순 과거시제를 쓰기도 한다.
e.g. The movie **began** before we <u>arrived</u>.
(그 영화는 우리가 도착하기 전에 시작했다.)

e.g. **Had** the museum **closed** when you arrived? (네가 도착했을 때 박물관은 문을 닫았니?)
The children **hadn't gone** to bed when their mom came home. (엄마가 집에 왔을 때 그 아이들은 잠을 자고 있지 않았다.)

Quick Check Up   [정답 p. 5]

우리말과 일치하도록 괄호 안에서 알맞은 말을 고르시오.

1 나는 그가 아팠다는 것을 몰랐다.

➡ I didn't know that he (has / had) been ill.

2 Fred는 저녁을 먹기 전에 숙제를 끝냈다.

➡ Fred (has / had) finished his homework before he ate dinner.

3 우리가 정류장에 도착했을 때 기차는 이미 떠났다.

➡ When we arrived at the station, the train (already left / had already left).

4 Tony가 너에게 말했을 때 너는 그 소식을 이미 들었니?

➡ (Did you already hear / Had you already heard) the news when Tony told it to you?

A_문장 완성 두 문장을 한 문장으로 쓸 때, 빈칸에 알맞은 말을 쓰시오. (과거완료시제를 사용할 것)

1 Mia danced for three hours. She was exhausted.

➡ Mia was exhausted because she _____.

2 He realized. He left his jacket in the classroom.

➡ He realized that _____.

3 Mom told me. She woke me up three times.

➡ Mom told me that _____.

B_순서 배열 우리말과 일치하도록 주어진 말을 바르게 배열하시오.

1 나는 네가 오기 전에 방 청소를 했다.
(cleaned / you / I / came / my room / had / before)

➡ _____

2 우리는 여기로 이사오기 전에 부산에서 5년을 살았었다.
(in Busan / moved / for five years / we / we / here / had / before / lived)

➡ _____

3 Sally는 너무 많이 먹었기 때문에 배탈이 났다.
(Sally / she / too much / a stomachache / had / had / because / eaten)

➡ _____

C_영작 우리말과 일치하도록 주어진 말을 이용하여 영어로 옮기시오.

1 Tim은 발목을 다쳤기 때문에 그 게임에 참가할 수 없었다. (participate in, because, hurt his ankle)

➡ _____

2 경찰이 도착했을 때 그 도둑은 이미 달아나고 없었다. (arrive, the thief, already, run away)

➡ _____

3 나는 엄마가 집에 오시기 전에 그 음식을 냉장고 안에 두었다. (put, the food, refrigerator, come home)

➡ _____

Focus 10 완료진행형

I **have been searching** the Internet for hours.

나는 몇 시간 동안 인터넷을 검색하고 있는 중이다.

- 완료진행형에는 현재완료진행형과 과거완료진행형이 있다. 완료진행형은 과거 또는 대과거에 시작된 일이 현재 또는 과거까지 계속된다는 의미를 강조할 때 쓴다.
  e.g. They have studied English for three years. (그들은 3년 동안 영어를 배우고 있다.)
  They **have been studying** English for three year. (그들은 3년 동안 영어를 배우는 중이다.)

- 현재완료진행형은 과거에 일어난 일이 현재까지 계속 진행되는 일을 나타낼 때, 과거완료진행형은 과거의 한 시점보다 먼저 일어난 일이 과거 시점까지 계속 진행되는 일을 나타낼 때 쓴다.

현재완료진행형	have/has been+동사원형-ing	(과거부터 현재까지 계속) ~하는 중이다
과거완료진행형	had been+동사원형-ing	(과거 이전부터 과거까지 계속) ~하는 중이었다

Quick Check Up
[정답 p. 5]

우리말과 일치하도록 괄호 안에서 알맞은 말을 고르시오.

1 어제부터 비가 세차게 내리고 있다.

➡ It (was / has been) raining since yesterday.

2 네가 왔을 때 Suzie와 나는 이른 아침부터 요리를 하는 중이었다.

➡ Suzie and I (have / had) been cooking since early morning when you came.

3 Sam이 전화했을 때 Ann은 12시간 동안 잠을 자고 있었다.

➡ When Sam called, Ann (was / had been) sleeping for 12 hours.

4 민호는 2016년부터 이곳에서 자원봉사를 해오고 있다.

➡ Minho (has / had) been doing volunteer work here since 2016.

5 Ryan은 작년에 제주도에 갔다. 그때 이후로 그는 그곳에 머물고 있다.

➡ Ryan (went / has gone) to Jeju Island last year. Since then, he (was / has been) staying there.

A_문장 완성 두 문장을 한 문장으로 쓸 때, 빈칸에 알맞은 말을 쓰시오. (완료진행형을 사용할 것)

1 Jisu began doing her homework two hours ago. She is still doing her homework now.

➡ Jisu _____ her homework for two hours.

2 I started waiting for the bus two hours ago. I'm still waiting for it now.

➡ I _____ for the bus for two hours.

3 Chris began writing his novel in 2015. He is still writing it now.

➡ Chris _____ his novel since 2015.

B_순서 배열 우리말과 일치하도록 주어진 말을 바르게 배열하시오.

1 나의 아빠는 내 자전거를 두 시간째 고치고 있다.
(has / my bike / my dad / for two hours / fixing / been)

➡ _____

2 우리는 지난달부터 그 공연을 위해 연습하고 있다.
(since / for the show / we / been / last month / have / practicing)

➡ _____

3 내가 집에 왔을 때, 나의 남동생은 내 컴퓨터를 몇 시간 동안 사용하고 있었다.
(came home / using / when / my computer / I / my brother / had / for hours / been)

➡ _____

C_영작 우리말과 일치하도록 주어진 말을 이용하여 영어로 옮기시오.

1 그들이 체육관에 도착했을 때, Fred는 30분 동안 운동을 하고 있던 중이었다. (arrive, gym, exercise)

➡ _____

2 나의 삼촌은 그때 1년 동안 유람선을 타고 여행하는 중이었다. (my uncle, travel on a cruise, then)

➡ _____

3 그 남자는 어젯밤부터 낚시를 하고 있는 중이다. (the man, fish)

➡ _____

A 다음 문장을 지시에 맞게 바꿔 쓰시오. (필요하면 since를 넣을 것)

1 I studied Spanish this afternoon. (현재완료진행형으로)

➡ _____

2 Sam was preparing dinner for two hours when I visited him. (과거완료진행형으로)

➡ _____

3 It was snowing last week. (현재완료진행형으로)

➡ _____

4 The man played the guitar and the harmonica. (과거완료로)

➡ _____

5 The restaurant had already closed when they arrived. (의문문으로)

➡ _____

B 우리말과 일치하도록 주어진 말을 이용하여 영어로 옮기시오.

1 Brian은 지난주부터 자신의 잃어버린 강아지를 찾고 있다. (look for, lost dog, since)

➡ _____

2 Ailey는 내가 그녀를 오랫동안 좋아했었다는 것을 몰랐다. (know, that, like, for)

➡ _____

3 Joe는 그 영화가 이미 시작된 후에 왔다. (come, already, begin)

➡ _____

4 우리가 집에 도착했을 때 Tom은 10시간 동안 자고 있었다. (arrive, sleep)

➡ _____

5 많은 사람들이 수년 동안 물건들을 재활용 해오고 있다. (many, recycle, things)

➡ _____

신유형

C 대화의 흐름상 <u>어색한</u> 것을 골라 바르게 고치시오. (두 군데)

> A: Gina, ⓐ<u>How have you been doing?</u>
>
> B: Not so good. ⓑ<u>I'm worrying about my health since last week.</u> I have to exercise, but I don't like it.
>
> A: How about doing yoga? It is great exercise.
>
> B: Ah, ⓒ<u>I heard that you are doing yoga for months.</u>
>
> A: Yes, I have. ⓓ<u>I've been doing yoga since last year.</u>
>
> B: Really? How can I take yoga lessons?
>
> A: It's simple. I will show you.

_____ ➡ _____

_____ ➡ _____

Real Test

그림을 보고 문장을 완성하시오.

1

10:00 a.m. | now 2:00 p.m.

➡ The two boys _____ since 10:00 a.m.

2

5:00 p.m. | 6:00 p.m.

➡ My parents had dinner after _____ the house.

Focus 11 능동태와 수동태의 개념

I **use** this smartphone. It **is used** by many teenagers.
나는 이 스마트폰을 쓴다. 그것은 많은 십 대들에 의해 사용된다.

- 주어가 어떤 행동을 하면 능동태로 쓰고, 주어가 어떤 행동의 대상이면 수동태로 쓴다.
- 능동태는 수동태로 바꿔 쓸 수 있다. 수동태의 시제는 능동태에 따르고, 이때 주어의 수에 동사를 일치해야 한다.
  e.g. Many teenagers **use** this smartphone. (능동태)
  → **This smartphone** is used **by** many teenagers. (수동태)

능동태	주어＋동사＋목적어	주어가 (어떤 행동)을 하다	주어 = 행동의 주체 목적어 = 행동의 대상
수동태	주어＋be동사＋과거분사＋ by＋목적격	주어가 (~에 의해 어떤 행동)을 당하다[받다], (~에 의해 어떤 상태가) 되다	주어 = 행동의 대상 by＋목적격 = 행동의 주체

Note
〈by＋목적격〉의 생략
행동의 주체(by＋목적격)보다 행동의 대상에 더 관심이 있을 때, 행동의 주체가 중요하지 않을 때나 분명하지 않을 때 〈by＋목적격〉은 생략되는 경우가 많다.

Quick Check Up
[정답 p. 6]

괄호 안에서 알맞은 말을 고르시오.

1 She (cleans / is cleaned) her house every day.

   Her house (cleans / is cleaned) by her every day.

2 Jason (made / was made) the jacket.

   The jacket (made / was made) by Jason.

3 Someone (broke / was broken) my laptop computer.

   My laptop computer (broke / was broken) by someone.

4 The police (caught / was caught) the robber yesterday.

   The robber (caught / was caught) by the police yesterday.

5 We (finished / were finished) the project in 2017.

   The project (finished / was finished) by us in 2017.

[정답 p. 6]

A_문장 전환 다음 문장을 수동태로 바꿔 쓰시오.

1 We take final exams in July.

⇒ _____

2 Some friends visited Lisa's house.

⇒ _____

3 A famous architect designed this bridge.

⇒ _____

B_순서 배열 우리말과 일치하도록 주어진 말을 바르게 배열하시오.

1 그 축제는 매년 그 도시에 의해 개최된다. (held / every year / the festival / is / by the city)

⇒ _____

2 이 음악은 모차르트에 의해 작곡되었다. (Mozart / was / this music / by / composed)

⇒ _____

3 그 게임기는 나의 아빠에 의해 구입되었다.
(by / the video game console / bought / my dad / was)

⇒ _____

C_영작 우리말과 일치하도록 주어진 말을 이용하여 영어로 옮기시오.

1 그 음식은 Sally에 의해 요리되었다. (the food, cook)

⇒ _____

2 어제 모든 야구 경기가 취소되었다. (all the baseball games, cancel)

⇒ _____

3 해마다 많은 예술작품들이 그 박물관에서 전시된다. (a lot of artwork, display)

⇒ _____

4 그 학생은 Brown 선생님에 의해 용기를 얻었다. (encourage, Mr. Brown)

⇒ _____

Focus 12 수동태의 시제, 부정문, 의문문

Have her songs **been loved** by a lot of people?

그녀의 노래는 많은 사람들에 의해 사랑을 받아왔니?

- 수동태의 시제는 be동사의 시제를 바꿔서 나타낸다. 부정문은 be동사 다음에 not이 오고, 의문문은 be동사를 주어 앞으로 보낸다.

- 조동사가 있는 문장의 수동태는 〈조동사＋be＋과거분사〉의 형태로 쓴다.

  e.g. You should handle this box. (너는 이 상자를 조심스럽게 다루어야 한다.)
  → This box **should be handled** (by you).

수동태의 시제	현재	am/are/is＋과거분사
	과거	was/were＋과거분사
	미래	will be＋과거분사
	완료	have/has/had＋been＋과거분사
	진행형	am/are/is/was/were＋being＋과거분사
수동태의 부정문		be동사＋not/never＋과거분사
수동태의 의문문		Be동사＋주어＋과거분사 ～?

Quick Check Up

[정답 p. 6]

우리말과 일치하도록 괄호 안에서 알맞은 말을 고르시오.

1 그 일은 Gina에 의해서 곧 끝내질 것이다.

⇒ The work will (finish / be finished) by Gina soon.

2 오늘 아침부터 많은 비행편이 지연되었다.

⇒ Many flights have (delayed / been delayed) since this morning.

3 그 건물은 지진에 의해 파괴되었니?

⇒ (Did / Was) the building destroyed by the earthquake?

4 그 드라마는 그녀에 의해 쓰여지지 않았다.

⇒ The drama (was not / did not) written by her.

5 윔블던 테니스가 TV에서 방영되고 있다.

⇒ Wimbledon is (showing / being shown) on TV.

A _ 문장 전환 다음 문장을 지시대로 바꿔 쓰시오.

1 A small action can change the world. (수동태로)

➡ _____

2 The man is fixing my watch now. (수동태로)

➡ _____

3 The pizza was baked in the oven. (부정문으로)

➡ _____

4 A lot of Americans have respected Abraham Lincoln. (수동태로)

➡ _____

B _ 순서 배열 우리말과 일치하도록 주어진 말을 바르게 배열하시오.

1 그 그림들은 피카소에 의해 그려졌나요? (Picasso / the pictures / by / were / painted)

➡ _____

2 그 생선은 곧 요리될 것이다. (cooked / will / the fish / soon / be)

➡ _____

3 그 사진은 내 휴대전화에서 지워지지 않았다.
(was / from my cell phone / deleted / the photo / not)

➡ _____

C _ 영작 우리말과 일치하도록 주어진 말을 이용하여 영어로 옮기시오.

1 시간은 현명하게 쓰여야 한다. (time, must, spend, wisely)

➡ _____

2 주택 문제를 해결하기 위해 많은 조치가 취해져 왔다.
(many actions, take, solve, the housing problem)

➡ _____

3 내 컴퓨터는 지금 수리되고 있다. (repair)

➡ _____

A 어법상 <u>틀린</u> 부분을 바르게 고쳐서 문장을 다시 쓰시오.

1 A large park has being built in the city now.

➡ _____

2 Did the piano played by Jenny?

➡ _____

3 Many languages speak in India.

➡ _____

4 His new song will released next month.

➡ _____

5 All the people have not saved in the accident.

➡ _____

B 우리말과 일치하도록 주어진 말을 이용하여 영어로 옮기시오.

1 그 컵은 Brian에 의해 깨졌나요? (the cup, break)

➡ _____

2 치즈케이크가 오븐에서 구워지고 있다. (cheesecake, bake, in the oven)

➡ _____

3 정문은 밤에 잠겨 있어야 한다. (the front door, should, lock, at night)

➡ _____

4 내가 주문한 물건은 어제 배달되지 않았다. (my order, deliver, not)

➡ _____

5 그 뮤지컬은 지난달부터 공연되어 왔다. (the musical, perform, since)

➡ _____

C 수동태는 능동태로, 능동태는 수동태 문장으로 바꿔 쓰시오.

1 Millions of tourists visit London every year.

➡ _____

2 Our team will win the game tomorrow.

➡ _____

3 Was a room reserved for two nights by you?

➡ _____

4 The secret has been kept by the man.

➡ _____

Real Test

그림을 보고 조건에 맞게 문장을 완성하시오.

1

> 조건 1. 현재진행형으로 쓰시오.
> 2. 다음 말을 사용하시오. (chase)

A mouse _____ by a cat.

2

> 조건 1. 과거시제로 쓰시오.
> 2. 다음 말을 사용하시오. (raise)

A lot of money _____ for charity.

3

> 조건 1. 미래시제로 쓰시오.
> 2. 다음 말을 사용하시오. (return)

These books _____ tomorrow.

Focus 13 4형식 문장의 수동태

He **was given** this watch by his dad.
그는 그의 아버지에 의해 이 시계가 주어졌다.

- 4형식 문장은 목적어가 두 개이므로 두 개의 수동태 문장을 만들 수 있다. 직접목적어를 주어로 한 수동태를 만들 때 간접목적어 앞에 전치사 to, for, of를 써야 한다.

  e.g. His dad gave him this watch. 능동태 (그의 아버지는 그에게 이 시계를 주셨다.)
  → He **was given** this watch by his dad. (간접목적어를 주어로 한 수동태)
  → This watch **was given** *to* him by his dad. (직접목적어를 주어로 한 수동태)

- buy, make, cook, find, write, pass 등의 동사는 간접목적어를 주어로 한 수동태를 만들지 않는다.

  e.g. My aunt bought me this sweater. 능동태 (나의 고모는 나에게 이 스웨터를 사주셨다.)
  → This sweater **was bought** *for* me by my aunt. (직접목적어를 주어로 한 수동태)
  → I was bought this sweater by my aunt. (×)

능동태	주어	동사	간접목적어+직접목적어
수동태 1	주어(간접목적어)	be동사+과거분사	직접목적어
수동태 2	주어(직접목적어)	be동사+과거분사	전치사+간접목적어

Note

전치사+간접목적어
동사에 따라 간접목적어 앞에 오는 전치사가 다르다.
to를 쓰는 동사: give, send, show, teach, tell, bring, write, pass 등
for를 쓰는 동사: buy, make, cook, find 등
of를 쓰는 동사: ask

Quick Check Up

[정답 p. 6]

괄호 안에서 알맞은 말을 고르시오.

1 An email was sent (me / to me) by someone.

2 Some cookies were made (for / to) them.

3 We have been taught (Chinese / to Chinese) by Mr. Chen.

4 The salt was (passed / found) to her.

5 Many questions were asked (for / of) her by the reporters.

A _ 문장 전환 다음 문장을 수동태로 바꿔 쓰시오.

1 The man has found me my cell phone.

➡ My cell phone _____ .

2 Sora showed us these pictures.

➡ These pictures _____ .

➡ We _____ .

3 Mom will give us some snacks.

➡ Some snacks _____ .

➡ We _____ .

B _ 문장 완성 우리말과 일치하도록 주어진 말을 이용하여 문장을 완성하시오.

1 이 개집은 나의 개를 위해 만들어졌다. (made / my dog / this doghouse / was / for)

➡ _____

2 이 편지는 Tom에 의해 나에게 보내졌다. (was / to / this letter / by / sent / Tom / me)

➡ _____

3 많은 숙제가 그 선생님에 의해 우리에게 주어졌다.
(the teacher / was / much homework / us / by / given / to)

➡ _____

C _ 영작 우리말과 일치하도록 주어진 말을 이용하여 영어로 옮기시오.

1 닭고기 수프가 그 요리사에 의해 나에게 요리되었다. (the chicken soup, cook, the chef)

➡ _____

2 그 소문은 모든 사람들에게 말해졌다. (the rumor, tell, everyone)

➡ _____

3 인터뷰에서 몇 가지 질문이 그 여배우에게 주어졌다.
(a few questions, ask, the actress, at the interview)

➡ _____

Focus 14 5형식 문장의 수동태

I **was advised** to exercise more by the doctor.

나는 의사에 의해 운동을 더 하라는 조언을 받았다.

- 5형식 문장은 목적어를 주어로 한 수동태로 만들 수 있으며, 목적격보어는 〈be+과거분사〉 뒤에 그대로 쓴다.

  e.g. This song made him a worldwide star. 능동태 (이 노래는 그를 세계적인 스타로 만들어주었다.)
    → He **was made** a worldwide star by this song. 수동태 (그는 이 노래에 의해 세계적인 스타가 되었다.)

- 지각동사나 사역동사가 있는 5형식 문장을 수동태로 만들 때는 목적격보어를 〈to+동사원형〉의 형태로 바꿔 쓴다.

  e.g. People heard a man <u>sing</u> in the park. 능동태 (사람들은 한 남자가 공원에서 노래하는 것을 들었다.)
    → A man **was heard** *to* sing (by people) in the park. 수동태 (한 남자가 공원에서 노래하는 것이 들렸다.)
    Mom made me <u>wash</u> the dishes. 능동태 (엄마는 내가 설거지를 하도록 시키셨다.)
    → I **was made** *to* wash the dishes by Mom. 수동태 (나는 엄마에 의해 설거지를 하게 되었다.)

능동태의 목적격보어	수동태
명사, 형용사, to부정사일 때	명사, 형용사, to부정사를 그대로 씀
동사원형(지각동사, 사역동사)일 때	동사원형이 to부정사로 바뀜

> **Note**
> 지각동사의 목적격보어가 현재분사일 때는 수동태에서 현재분사를 그대로 쓴다.
> *e.g.* People heard a man <u>singing</u> in the park. (능동태)
>   → A man **was heard singing** in the park. (수동태)
>   (한 남자가 공원에서 노래하고 있는 것이 들렸다.)

Quick Check Up

[정답 p. 7]

괄호 안에서 알맞은 말을 고르시오. .

1 The coach made the players (practice / to practice) more.

⇒ The players were made (practice / to practice) more.

2 They saw the trees (burning / to burn) on the mountain.

⇒ The trees were seen (burning / to burn) on the mountain.

3 My parents allowed me (go / to go) to the concert.

⇒ I was allowed (go / to go) to the concert by my parents.

4 We heard some people (play / to play) the guitar.

⇒ Some people were heard (play / to play) the guitar.

[정답 p. 7]

A_문장 전환 다음 문장을 수동태로 바꿔 쓰시오.

1 Our team elected Sujin our leader.

➡ _____

2 The man asked me to carry the boxes.

➡ _____

3 People may find this device useful.

➡ _____

4 His constant efforts made this project possible.

➡ _____

B_순서 배열 우리말과 일치하도록 주어진 말을 바르게 배열하시오.

1 그 난민들은 정부에 의해 이곳을 떠나게 되었다.
(made / by / the refugees / leave / to / here / the government / were)

➡ _____

2 Johnson 선생님은 우리에 의해 Bulldog이라고 불린다.
(Mr. Johnson / us / called / by / is / Bulldog)

➡ _____

3 Ann은 모든 사람들에 의해 천재라고 생각되었다.
(Ann / a genius / was / everyone / considered / by)

➡ _____

C_영작 우리말과 일치하도록 주어진 말을 이용하여 영어로 옮기시오.

1 Sam이 방에서 통화하는 소리가 들렸다. (hear, talking, on the phone)

➡ _____

2 우리는 집에 일찍 오라는 말을 들었다. (tell, come home)

➡ _____

3 그들은 지난주에 그 강당을 사용하도록 허락 받았다. (allow, use, the auditorium)

➡ _____

A 어법상 <u>틀린</u> 부분을 바르게 고쳐서 문장을 다시 쓰시오.

1 A tablet PC was given for my sister on her birthday.

➡ _____

2 Dan was asked be quiet in the room.

➡ _____

3 Some sandwiches were bought to me by my uncle.

➡ _____

4 Some people were made leave their houses because of the flood.

➡ _____

5 Dark clouds can be seen to moving fast.

➡ _____

B 우리말과 일치하도록 주어진 말을 이용하여 영어로 옮기시오.

1 지난밤 몇 마리의 고양이들이 우는 소리가 들렸다. (a few cats, hear, cry)

➡ _____

2 그 범인은 감옥에 보내져야 한다. (criminal, should, send, the prison)

➡ _____

3 골대 앞에서 공이 그에게 전달되었다. (the ball, pass, in front of, the goal post)

➡ _____

4 Fred는 그 시험에서 잘할 것으로 기대된다. (expect, do well, on the test)

➡ _____

5 Gina는 저녁 식탁을 준비하도록 요청받았다. (ask, set the dinner table)

➡ _____

빈출 유형

C 수동태는 능동태로, 능동태는 수동태 문장으로 바꿔 쓰시오.

1 Tina is sending you a text message now.

➡ _____

2 An umbrella was brought for me by Sarah.

➡ _____

3 My friends and I saw Paul entering the building.

➡ _____

4 I was advised to fasten the seat belt by the taxi driver.

➡ _____

Real Test

우리말과 일치하도록 조건에 맞게 문장을 완성하시오.

조건   1. 수동태를 사용하시오.
      2. 괄호 안의 말을 사용하시오.

1 의자 하나가 나의 아빠에 의해 만들어지고 있다. (a chair, make, by)

➡ _____

2 그 학생들은 창문을 닦게 되었다. (the students, make, clean, the windows)

➡ _____

3 사람들은 좋은 음악에 의해 행복하게 될 것이다. (people, will, make, happy, good music)

➡ _____

Focus 15 동사구가 있는 문장의 수동태

The baby **has been taken care of** by his grandmother.

그 아기는 할머니에 의해 보살핌을 받아왔다.

• 〈동사＋부사/전치사〉, 〈동사＋명사＋전치사〉로 이루어진 동사구는 하나의 동사로 취급한다. 동사구를 수동태로 바꿀 때는 동사만 〈be동사＋과거분사〉로 바꾸고 나머지는 뒤에 그대로 쓴다.

e.g. The baby's grandmother has taken care of him. (능동태)
→ The baby **has been taken care of** by his grandmother. (수동태)

get rid of	~을 없애다	put off	~을 연기하다, 미루다
deal with	~을 다루다	cut off	~을 차단하다
look after	~을 돌보다	turn on/off	~을 켜다/끄다
take care of	~을 돌보다	run over	~을 (차로) 치다
look up to	~을 존경하다	throw away	~을 버리다
look down on	~을 얕보다, 무시하다	break into	~에 침입하다

Quick Check Up

[정답 p. 7]

우리말과 일치하도록 괄호 안에서 알맞은 말을 고르시오.

1 많은 동물들이 이 도로에서 차에 치였다.

➡ A lot of animals (run over / were run over) on this road.

2 그 지도자는 많은 사람들에 의해 존경을 받아왔다.

➡ The leader has been (looked up / looked up to) by many people.

3 그 건물의 모든 불이 꺼졌다.

➡ All the lights in the building have (turned off / been turned off).

4 너의 여동생은 지금 잘 돌보아지고 있다.

➡ Your sister is (taking / being taken) good care of now.

5 그 회의는 내일까지 연기되어야 한다.

➡ The meeting has to (put off / be put off) until tomorrow.

A _ 문장 전환 다음 문장을 수동태로 바꿔 쓰시오.

1 The police cut off the riverside road this morning.

➡ _____

2 You should deal with this matter more carefully.

➡ _____

3 We must not look down on other traditions.

➡ _____

B _ 순서 배열 우리말과 일치하도록 주어진 말을 바르게 배열하시오.

1 너의 치통은 이 약으로 사라질 것이다.
(this medicine / will / your toothache / gotten rid of / by / be)

➡ _____

2 그 아이들은 Brown 씨에 의해 돌보아져 왔다.
(have / Ms. Brown / looked after / the kids / been / by)

➡ _____

3 그 은행은 지난밤 누군가에 의해 침입 당했다.
(last night / the bank / by / broken into / someone / was)

➡ _____

C _ 영작 우리말과 일치하도록 주어진 말을 이용하여 영어로 옮기시오.

1 저녁이 되면 그 공원의 모든 불이 켜졌다. (all the light, turn on, night, come)

➡ _____

2 좋은 소파가 누군가에 의해 버려졌다. (a nice sofa, throw away, someone)

➡ _____

3 당신의 애완동물들은 저희 팀에 의해 돌보아질 것입니다. (pets, will, take care of)

➡ _____

by 이외의 전치사를 쓰는 수동태

The mountain **is covered with** snow all the time.

그 산은 항상 눈으로 덮여 있다.

· 능동태의 주어는 수동태에서 〈by+목적격〉으로 나타내는데, 이때 by 대신에 다른 전치사를 쓰는 경우가 있다.

be interested in	~에 관심이 있다	be covered with	~로 덮여 있다
be filled with	~로 가득 차다	be made of	~로 만들어지다 (물리적 변화)
be satisfied with	~에 만족하다	be made from	~로 만들어지다 (화학적 변화)
be surprised at[by]	~에 놀라다	be (well) known to	~에게 (잘) 알려지다 (대상)
be worried about	~을 걱정하다	be (well) known for	~로 (잘) 알려지다 (특징)
be pleased with	~을 기뻐하다	be (well) known as	~로서 (잘) 알려지다 (자격)

Quick Check Up

[정답 p. 8]

A 우리말과 일치하도록 괄호 안에서 알맞은 말을 고르시오.

1 그 과학자들은 그 실험 결과에 만족하지 않았다.

➡ The scientists were not satisfied (by / with) the test results.

2 바르셀로나는 Gaudi의 아름다운 건물들로 유명하다.

➡ Barcelona is known (for / by) Gaudi's beautiful buildings.

3 모든 부모는 항상 자식들을 걱정한다.

➡ All parents are worried (about / with) their children all the time.

B 우리말과 일치하도록 빈칸에 알맞은 말을 쓰시오.

1 Tony는 K-pop 음악에 대해 관심이 있니?

➡ _____ Tony _____ _____ K-pop music?

2 이 의자는 자작나무로 만들어졌다.

➡ This chair _____ _____ _____ birch wood.

3 Kyle은 암벽등반가로 잘 알려져 있다.

➡ Kyle _____ _____ _____ _____ a rock climber.

A_문장 전환 다음 문장을 수동태로 바꿔 쓰시오.

1 Dolls and robots filled the room.

➡ _____

2 The actor's secret wedding surprised us last year.

➡ _____

3 A tablecloth should cover the old table.

➡ _____

4 They made this wine from grapes from Bordeaux.

➡ _____

B_순서 배열 우리말과 일치하도록 주어진 말을 바르게 배열하시오.

1 Curitiba는 브라질의 녹색 도시로 알려져 있다.
(a green city / known / Curitiba / in Brazil / as / is)

➡ _____

2 너의 부모님은 너의 성적표에 틀림 없이 기뻐하시겠구나.
(pleased / your school report / with / must / your parents / be)

➡ _____

3 Johnson 씨는 자신의 사업에 대해 걱정하고 있다.
(Mr. Johnson / his business / about / is / worried)

➡ _____

C_영작 우리말과 일치하도록 주어진 말을 이용하여 문장을 완성하시오.

1 그의 독특한 예술 작품은 우리에게 잘 알려져 있다. (unique artwork, know, well)

➡ _____

2 Sam은 인테리어 디자이너로서의 그의 직업에 만족하니? (satisfy, job, as an interior designer)

➡ _____

3 그 여자아이는 너와 함께 거기에 가는 것에 관심이 없다. (the girl, interest, going, there)

➡ _____

A 어법상 **틀린** 부분을 바르게 고쳐서 문장을 다시 쓰시오.

1 The teacher has been looked up to a lot of students.

➡ _____

2 The web comic is well known for the children.

➡ _____

3 An animal was run over a big truck on the highway.

➡ _____

4 I'm not satisfied to the life in the big city.

➡ _____

5 All the games put off due to heavy rain.

➡ _____

B 우리말과 일치하도록 주어진 말을 사용하여 영어로 옮기시오.

1 라디오는 엄마에 의해 꺼졌다. (the radio, turn off)

➡ _____

2 모든 집들이 눈으로 덮여 있었다. (all the houses, cover)

➡ _____

3 이 프로젝트는 우리 팀에 의해 다루어질 것이다. (project, will, deal with)

➡ _____

4 그 가방은 진짜 가죽으로 만들어졌다. (the bag, make, genuine leather)

➡ _____

5 많은 컴퓨터들이 매년 버려지고 있다. (a lot of, throw away, every year)

➡ _____

빈출 유형

C 빈칸에 알맞은 말을 보기에서 골라 알맞은 형태로 바꿔 쓰시오. (현재시제로 쓸 것)

> [보기] fill   interest   worry   know

1 _____ you _____ _____ Latin music?

2 Sally _____ _____ _____ her uncertain future.

3 The basket _____ _____ _____ fresh strawberries.

4 The museum _____ _____ _____ its beautiful garden.

Real Test

우리말과 일치하도록 [조건]에 맞게 문장을 완성하시오.

1 나쁜 습관은 쉽게 없어질 수 없다.

> [조건] 1. 조동사가 있는 수동태로 쓰시오.
>
> 2. 다음 말을 사용하시오. (bad habit, can, get rid of, easily)

➡ _____

2 그 아파트는 도둑에 의해 침입 당했다.

> [조건] 1. 완료 수동태로 쓰시오.
>
> 2. 다음 말을 사용하시오. (the apartment, break into, a thief)

➡ _____

3 나의 아픈 개는 그 수의사에 의해 돌보아지고 있다.

> [조건] 1. 진행형 수동태로 쓰시오.
>
> 2. 다음 말을 사용하시오. (my sick dog, take care of, the vet)

➡ _____

Focus 17 조동사＋have＋과거분사

You **should have watched** the game.

너는 그 경기를 봤어야 했어.

- 〈조동사＋have＋과거분사〉는 과거의 일에 대한 추측이나 후회를 나타낼 때 쓴다.

  e.g. Lyn **may have eaten** dinner already. (Lyn은 이미 저녁을 먹었을지도 모른다.)
  Fred **must have been** late for school. (Fred는 학교에 지각했음에 틀림없다.)
  The boy **cannot have lied** to me. (그 남자아이가 나에게 거짓말을 했을 리가 없다.)
  You **shouldn't have come** here. (너는 여기에 오지 말았어야 했다.)

may/might have＋과거분사	~했을지도 모른다
must have＋과거분사	~했음에 틀림없다
cannot have＋과거분사	~했을 리가 없다
should have＋과거분사	~했어야 했다 (그런데 하지 않았다)
shouldn't have＋과거분사	~하지 말았어야 했다 (그런데 했다)

*부정어 not은 조동사 다음에 둔다.

Quick Check Up
[정답 p. 8]

A 밑줄 친 부분에 유의하여 다음 문장을 우리말로 옮기시오.

1 Mr. Brown <u>must have been</u> angry. ➡ Brown 선생님은 ＿＿＿＿＿＿＿＿＿＿.

2 You <u>shouldn't have eaten</u> so much for lunch. ➡ 너는 점심을 많이 ＿＿＿＿＿＿＿＿＿＿.

3 Jay <u>cannot have called</u> me. ➡ Jay는 내게 ＿＿＿＿＿＿＿＿＿＿.

4 He <u>may have forgotten</u> my birthday. ➡ 그는 내 생일을 ＿＿＿＿＿＿＿＿＿＿.

B 괄호 안에서 알맞은 말을 고르시오.

1 Dan looks hungry now. He (cannot / must) have skipped breakfast this morning.

2 The game was exciting. You (should / shouldn't) have watched it.

3 Jack is bad at math. He (cannot / may not) have solved that math question.

4 Ann went to bed late last night. She (may / should) have gotten up late.

A_빈칸 완성 우리말과 일치하도록 빈칸에 알맞은 말을 쓰시오.

1 우리 야구팀이 그 게임에 졌을 리가 없다. (lose)

➡ Our baseball team _____ _____ _____ the game.

2 Tony가 실수를 했음에 틀림없다. (make)

➡ Tony _____ _____ _____ a mistake.

3 너는 숙제를 지난주에 제출했어야 했다. (turn in)

➡ You _____ _____ _____ _____ your homework last week.

B_순서 배열 우리말과 일치하도록 주어진 말을 바르게 배열하시오.

1 Paul이 그 피자를 샀을지도 모른다. (may / Paul / the pizza / have / bought)

➡ _____

2 너는 그 돈을 다 쓰지 말았어야 했다. (all the money / shouldn't / you / spent / have)

➡ _____

3 수지가 나를 좋아했을 리가 없다. (Suzie / me / have / cannot / liked)

➡ _____

4 그는 틀림없이 그의 런던 여행을 즐겼음에 틀림없다.
(his trip / he / enjoyed / must / to London / have)

➡ _____

C_영작 우리말과 일치하도록 주어진 말을 이용하여 영어로 옮기시오.

1 Henry는 자신의 전화번호를 바꿨음에 틀림없다. (change his number)

➡ _____

2 너는 나에게 그 사실을 말했어야 했다. (tell the truth, to me)

➡ _____

3 소라는 그 문제에 대한 해결책을 찾았을지도 모른다. (find a solution, for the problem)

➡ _____

Focus 18 used to/would, had better, would rather

There **used to** be a large building near here.
이 근처에 큰 건물이 하나 있었다. (하지만 지금은 없다.)

- used to는 '(과거에) ~하곤 했다, ~이었다'라는 뜻으로 과거의 습관이나 상태를 나타낸다. would는 '(과거에) ~하곤 했다'라는 뜻으로 과거의 습관을 낸다. would는 과거의 상태를 나타낼 때는 쓰이지 않는다.
- had better는 '~하는 게 좋다'는 뜻으로 경고나 충고를 나타낸다. 부정문은 had better not으로 쓴다.
  e.g. You **had better** exercise. (너는 운동하는 게 좋다.)
- would rather는 '(차라리) ~하겠다'라는 뜻으로 선택이나 선호를 나타내며, 부정문은 would rather not으로 쓴다.
  e.g. I **would rather** buy the blue cap. (나는 차라리 파란색 모자를 사겠다.)

used to＋동사원형	(과거에) ~하곤 했다, ~이었다
would＋동사원형	(과거에) ~하곤 했다
had better＋동사원형 had better not＋동사원형	~하는 게 좋다 ~하지 않는 게 좋다
would rather＋동사원형 would rather not＋동사원형	(차라리) ~하겠다 (차라리) ~하지 않겠다

> **Note**
> used to의 다양한 형태와 의미
> 〈used to＋동명사〉: ~하는 데 익숙하다
> 〈be used to＋동사원형〉: ~하는 데 이용되다
> (참조: Focus 28)

Quick Check Up

[정답 p. 8]

우리말과 일치하도록 괄호 안에서 알맞은 말을 고르시오.

1 너는 자전거를 탈 때 헬멧을 쓰는 게 좋다.

➡ You (had better / would rather) wear your helmet when you ride your bike.

2 밖에 비가 내리고 있으므로 나는 집에 있겠다.

➡ I (used to / would rather) stay home because it's raining out.

3 우리는 그 광장으로 가지 않는 게 좋다.

➡ We (had not better / had better not) go to the square.

4 이 근처에 빵집이 하나 있었다.

➡ There (used to / would) be a bakery near here.

A_어법 수정 어법상 **틀린** 부분을 바르게 고쳐서 문장을 다시 쓰시오.

1 I would not rather tell you the truth.

➡ _____

2 Lisa used to living in Daejeon before she came here.

➡ _____

3 Dan has better take a rest for a while.

➡ _____

4 The rocker would have long hair when he was younger.

➡ _____

B_순서 배열 우리말과 일치하도록 주어진 말을 바르게 배열하시오.

1 너는 그 옷을 입지 않는 게 좋다. (had / wear / not / you / those clothes / better)

➡ _____

2 Jack은 불안하면 손톱을 물어뜯곤 했다.
(would / nervous / bite / Jack / felt / his nails / he / when)

➡ _____

3 나는 차라리 네가 올 때까지 여기서 기다리겠다.
(wait / come / I / you / would / until / rather / here)

➡ _____

C_영작 우리말과 일치하도록 주어진 말을 이용하여 영어로 옮기시오.

1 그 배우는 야구선수였었다. (the actor, be, a baseball player)

➡ _____

2 그 아이들은 집에 일찍 가는 게 좋겠다. (the children, go home)

➡ _____

3 우리는 차라리 새벽 3시까지 잠을 자지 않겠다. (sleep, not, until)

➡ _____

신유형

A 의미가 통하도록 주어진 말과 조동사를 사용하여 문장을 완성하시오.

1 Jenny didn't answer my phone calls yesterday.

She _____ _____ _____ _____ at me. (angry)

2 Daniel and I don't want to stay home today.

We _____ _____ _____ badminton in the park. (play)

3 The man had a car accident last night.

He _____ _____ _____ his car more carefully. (drive)

4 My dad _____ _____ _____ a marathon every Saturday. (run)

Now he goes hiking in the mountains.

5 Eric didn't study for the exam all week.

He _____ _____ _____ well on it. (do)

B 우리말과 일치하도록 주어진 말과 조동사를 사용하여 영어로 옮기시오.

1 Ann은 틀림없이 그 영화를 봤을 것이다. (see)

➡ _____

2 너는 외출할 때 선글라스를 끼는 게 좋다. (wear, sunglasses)

➡ _____ when you go out.

3 그들은 그 여자를 믿지 말았어야 했다. (believe, the woman)

➡ _____

4 나는 차라리 물을 마시겠다. (drink)

➡ _____

5 Andy는 그 일을 끝내지 않았을지도 모른다. (finish, the work)

➡ _____

C 밑줄 친 부분을 어법상 올바른 형태로 고쳐서 문장을 다시 쓰시오.

1 We don't have enough time. We <u>had not better</u> have breakfast.

➡ _____

2 The electricity bill was really high. We <u>must ran</u> the air conditioner too much last month.

➡ _____

3 Jack was late for school. He <u>should have not missed</u> the school bus.

➡ _____

4 Mina did her best. She <u>can have lost</u> the contest.

➡ _____

Real Test

그림을 보고 주어진 말과 조동사를 이용하여 대화를 완성하시오.

1

have some cookies

A: Would you like some cake?

B: No, thanks. I _____.

2

wear

A: Minho, is this your brother?

B: No. It's me. I _____ when I was younger.

3

take

A: I'm sorry I'm late. The traffic was terrible.

B: You _____.

Focus 19 원급 비교

I am **as tall as** my dad.

나는 나의 아빠만큼 키가 크다.

· 원급 비교는 형용사나 부사의 원급을 이용한 비교 표현으로, 비교하는 두 대상의 성질이나 형태가 거의 비슷하거나 같음(대등함)을 나타낼 때 쓴다.

· 원급 비교의 부정은 비교급으로 바꿔 쓸 수 있으며, 배수비교는 as 앞에 배수사를 써서 나타낸다.

e.g. Sally is **not as tall as** Ann. (Sally는 Ann만큼 크지 않다.)
→ Ann is taller than Sally.
He is **three times as strong as** me. (그는 나보다 세 배 더 힘이 세다.)
→ He is three times stronger than me.

as + 형용사/부사의 원급 + as	~만큼 …한/하게
not as[so] + 형용사/부사의 원급 + as	~만큼 …하지 않은/않게
as + 형용사/부사의 원급 + as possible = as + 형용사/부사의 원급 + as + 주어 + can[could]	가능한 한 ~한/하게
배수사 + as + 형용사/부사의 원급 + as = 배수사 + 형용사/부사의 비교급 + than	~보다 몇 배 더 …한/하게

Note

비교 대상
비교하는 대상은 서로 같은 형태여야 한다.
e.g. Your cap is as cool as I. (✕)
Your cap is as cool as **mine**. (◯)
(너의 모자는 내 것만큼 멋지다.)

Quick Check Up

[정답 p. 9]

우리말과 일치하도록 괄호 안에서 알맞은 말을 고르시오.

1 그의 새로운 노래는 예전 노래들만큼 좋지 않다.

➡ His new song is (not as / as not) good as his old ones.

2 Ashley는 가능한 한 천천히 음식을 먹었다.

➡ Ashley ate food as slowly as she (could / possible).

3 이 도시는 저 도시보다 세 배 더 넓다.

➡ This city is (as three times / three times as) large as that city.

4 그 회사는 그 문제를 가능한 한 현명하게 해결하려고 한다.

➡ The company tries to solve the problems as (wise / wisely) as possible.

5 너의 신발은 내 것만큼 멋지게 보인다.

➡ Your shoes look as great as (me / mine).

A _빈칸 완성 **두 문장이 같은 뜻이 되도록 빈칸에 알맞은 말을 쓰시오.**

1 The white blouse was not as expensive as the blue one.

➡ The blue blouse was _____ _____ than the white one.

2 Fred wants to leave here as soon as possible.

➡ Fred wants to leave here as soon as _____ _____.

3 The Internet has become ten times faster than five years ago.

➡ The Internet has become ten times _____ _____ _____ five years ago.

B _순서 배열 **우리말과 일치하도록 주어진 말을 바르게 배열하시오.**

1 그녀의 손은 얼음처럼 차가웠다. (as / as / her hands / ice / were / cold)

➡ _____

2 이 가방은 저 가방보다 두 배 더 크다. (that one / twice / this bag / as / as / is / big)

➡ _____

3 그의 방은 내 방만큼 깨끗하지 않았다. (clean / was / mine / his room / not / as / as)

➡ _____

4 John은 가능한 한 일찍 갈 것이다. (will / can / John / he / as / go / early / as)

➡ _____

C _영작 **우리말과 일치하도록 주어진 말을 이용하여 영어로 옮기시오.**

1 나의 개는 너의 개보다 열 배나 더 귀엽다. (cute, ten times)

➡ _____

2 그 상자는 돌덩이처럼 무거웠다. (heavy, a rock)

➡ _____

3 뷔페 식당에서 사람들은 가능한 한 많이 먹으려고 한다. (at a buffet restaurant, try, eat, possible)

➡ _____

Focus 20 비교급과 최상급을 이용한 표현

The more you practice, the better you will become.

너는 연습을 하면 할수록 더 잘할 것이다.

• 다음은 비교급과 최상급을 이용한 표현이다. 관용표현처럼 쓰이므로 잘 익혀둔다.

the+비교급 ~, the+비교급 …	~하면 할수록 더욱 …한/하게
비교급+and+비교급	점점 더 ~한/하게
Which/Who is+비교급, A or B?	A와 B 중에서 어느 것이/누가 더 ~한가?
one of the+최상급+복수명사	가장 ~한 … 중 하나
the+최상급(+that)+주어+have ever+과거분사	~가 …해봤던 가장 -한
no (other) ~+비교급+than = no (other) ~+as/so+형용사의 원급+as = 비교급+than any other+단수명사 = the+최상급+in+단수명사	어떤 ~도 …보다 -하지 않은 어떤 ~도 …만큼 -하지 않은 다른 어떤 ~보다 더 -한 ~ 중에서 가장 -한

Note

〈비교급+and+비교급〉 표현에서 비교급이 〈more+원급〉 형태인 경우 〈more and more+원급〉의 형태로 쓴다.

e.g. She is getting **more and more beautiful**.
(그녀는 점점 더 아름다워진다.)

Quick Check Up

[정답 p. 9]

우리말과 일치하도록 괄호 안에서 알맞은 말을 고르시오.

1 Tom과 Henry 중에서 누가 더 건강하니?

➡ Who is (healthy / healthier), Tom or Henry?

2 Sally는 우리 반에서 가장 키 큰 학생 중 하나이다.

➡ Sally is one of the (tall / tallest) students in our class.

3 너는 여기에 일찍 오면 올수록 더 좋은 자리를 차지할 것이다.

➡ The earlier you come here, (better / the better) the seat you will get.

4 의사소통 기술이 점점 더 중요해 지고 있다.

➡ Communication skills are getting (more important and more important / more and more important).

A_어법 수정 어법상 <u>틀린</u> 부분을 바르게 고쳐서 문장을 다시 쓰시오.

1 The Earth is more beautiful than any other planets in the universe.

➡ _____

2 This is the good movie that I've ever seen.

➡ _____

3 The museum has one of the oldest painting in the world.

➡ _____

B_순서 배열 우리말과 일치하도록 주어진 말을 바르게 배열하시오.

1 나는 그와 대화를 하면 할수록 그를 더 좋아하게 되었다.
(talked / liked / the more / with him / liked / I / I / the more / him)

➡ _____

2 야구와 축구 중 어느 것이 더 인기가 있니?
(more / baseball / which / or / popular / is / soccer)

➡ _____

3 한국에서 어떤 곳도 제주도만큼 따뜻하지 않다.
(place / Jeju Island / is / other / in Korea / as / as / warm / no)

➡ _____

C_영작 우리말과 일치하도록 주어진 말을 이용하여 영어로 옮기시오.

1 어떤 것도 사랑보다 중요한 것은 없다. (nothing, important)

➡ _____

2 날씨가 점점 예측하기 어려워진다. (the weather, get, unpredictable)

➡ _____

3 Abraham Lincoln은 미국 역사에서 가장 존경 받는 대통령 중 한 분이다.
(one, respected, president, in U.S. history)

➡ _____

A 다음 문장들의 의미가 같도록 빈칸에 알맞은 말을 쓰시오.

1 That was the most exciting game.

➡ No other game was _____ _____ as that.

➡ No other game was _____ _____ than that.

➡ That was more exciting _____ _____ _____ _____.

2 They tried to forget about it as soon as possible.

➡ They tried to forget about it as _____ _____ _____ _____.

3 My mom is three times older than me.

➡ My mom is three times _____ _____ _____ me.

➡ I am three times _____ _____ my mom.

4 The tablet PC is not as useful as the smartphone.

➡ The smartphone is _____ _____ _____ the tablet PC.

B 우리말과 일치하도록 주어진 말을 사용하여 영어로 옮기시오.

1 그 드라마는 점점 더 흥미로워지고 있다. (get, interesting)

➡ _____

2 Manhattan은 세계에서 가장 유명한 곳 중 하나이다. (famous, place)

➡ _____

3 K2는 그가 등반했던 가장 높은 산이다. (high, climb, ever)

➡ _____

4 Sam은 Fred만큼 많이 여행하는 것을 좋아한다. (like, to travel, much)

➡ _____

5 나는 잠을 더 자면 잘수록 더 피곤함을 느낀다. (sleep, tired, feel)

➡ _____

신유형

C 빈칸에 들어갈 말을 [보기]에서 골라 알맞은 형태로 바꿔 쓰시오.

> [보기]   angry   important   well   great   quiet

1 나는 너만큼 춤을 잘 출 수 없다.

➡ I cannot dance _____ _____ _____ you.

2 칫솔과 바퀴 중에서 역사상 어느 발명품이 더 위대한가?

➡ Which invention is _____ in history, the toothbrush or the wheel?

3 그녀는 화가 나면 날수록 더 조용해졌다.

➡ _____ _____ she got, _____ _____ she became.

4 내게는 나의 가족이 다른 가족보다 열 배 더 중요하다.

➡ To me, my family is _____ _____ _____ _____ than any other family.

Real Test

다음 사진을 보고 [조건]에 맞게 문장을 완성하시오.

 Monitor A

$30
12 inches

 Monitor B

$40
8 inches

 Monitor C

$120
6 inches

> [조건]   1. 비교급과 최상급을 사용하시오.
>   2. 괄호 안의 말을 사용하시오. (필요하면 형태를 바꿀 것)

1 Monitor A is _____ _____ Monitor B. (cheap)

2 Monitor A is _____ _____ _____ Monitor C. (large)

3 Monitor C is _____ _____ but _____ _____ of the three. (small, expensive)

Focus 21 to부정사의 명사적 용법

It's not easy **to cook**. I don't know **what to do** first.

요리하는 것은 쉽지 않다. 나는 무엇을 먼저 해야 할지 모르겠다.

• 〈to+동사원형〉의 형태로 쓰는 to부정사가 명사적 용법으로 쓰이면 문장에서 주어, 목적어, 보어 역할을 한다. 주어로 쓰인 to부정사는 보통 주어 자리에 가주어 it을 쓰고 to부정사는 뒤로 보낸다.

 e.g. **To cook** is not easy. → It's not easy **to cook**. 주어 (요리하는 것은 쉽지 않다.)
   She wants **to go** to London. 목적어 (그녀는 런던에 가고 싶어 한다.)
   My dream is **to be** a doctor. 보어 (내 꿈은 의사가 되는 것이다.)

• 〈의문사+to부정사〉는 문장에서 주어, 목적어, 보어 역할을 하며, 〈의문사+주어+should+동사원형〉으로 바꿔 쓸 수 있다.

what+to부정사	무엇을 ~할지
when+to부정사	언제 ~할지
where+to부정사	어디서 ~할지
how+to부정사	어떻게 ~할지, ~하는 방법

Note
• 〈why+to부정사〉로는 쓰이지 않는다.
 e.g. He will know why to do. (×)
• to부정사의 부정은 〈not+to부정사〉의 형태로 쓴다.

Quick Check Up

[정답 p. 10]

A 괄호 안에서 알맞은 것을 고르시오.

1 To (know / knowing) yourself is important.

2 His plan is (to go / to going) to Jeju Island.

3 (It / That) was so interesting to play games with him.

4 Let's decide where (meet / to meet) tomorrow.

B 우리말과 일치하도록 주어진 말을 이용하여 문장을 완성하시오.

1 나는 그 문제를 어떻게 풀어야 할지 모른다. (solve)

 ➡ I don't know _____ _____ _____ the problem.

2 자기 자신을 사랑하는 것은 매우 중요하다. (love)

 ➡ _____ is very important _____ _____ yourself.

3 우리는 이곳에 하루 더 머물기로 결정했다. (stay)

 ➡ We decided _____ _____ here one more day.

A _문장 전환 두 문장이 같은 뜻이 되도록 주어진 말로 시작하여 문장을 다시 쓰시오.

1 To read detective novels is very exciting.

⇒ It _____ .

2 To live on Jeju Island is not so easy.

⇒ It _____ .

3 I don't know what to do about it.

⇒ I don't know what I _____ .

4 He asked me when to start the project.

⇒ He asked me when he _____ .

B _순서 배열 우리말과 일치하도록 주어진 말을 바르게 배열하시오.

1 Sam은 매달 우리를 방문하겠다고 약속했다. (Sam / visit / every month / us / promised / to)

⇒ _____

2 내일 어디로 가야 할지 말해 줄래요? (you / where / tell / to / me / can / tomorrow / go)

⇒ _____

3 야식을 먹는 것은 건강에 좋지 않다.
(not / late night snacks / it / have / is / good / to / for your health)

⇒ _____

C _영작 우리말과 일치하도록 주어진 말을 이용하여 영어로 옮기시오.

1 우리는 잠시 동안 휴식을 취할 필요가 있다. (need, take some rest, for a while)

⇒ _____

2 어떻게 사는지가 어디서 사는지 보다 더 중요하다. (how, where, live, important, than)

⇒ _____

3 나의 소망은 내가 가장 좋아하는 스타를 만나는 것이다. (my wish, meet, my favorite star)

⇒ _____

Focus 22 to부정사의 형용사적 용법

Jack has a reason **to be** angry.

Jack이 화난 이유가 있다.

- to부정사가 형용사적으로 쓰이면 명사나 대명사 뒤에서 꾸며주며, '～할, ～하는'의 뜻으로 해석한다.
- to부정사가 꾸며주는 명사나 대명사가 전치사의 목적어일 때는 반드시 〈명사+to부정사+전치사〉의 형태로 쓴다.

  e.g. Jenny needs a pen **to write with**. (Jenny는 쓸 펜이 필요하다.) ← write with a pen

  We are looking for a house **to live in**. (우리는 살 집을 찾고 있다.) ← live in a house

- -thing, -one, -body로 끝나는 대명사를 형용사와 to부정사가 꾸며줄 때는 〈대명사+형용사+to부정사〉의 어순으로 쓴다.

  e.g. I need <u>something</u> **cold to drink**. (나는 차가울 마실 것이 필요하다.)

명사/대명사+to부정사	a reason **to be** angry (화난 이유)
명사/대명사+to부정사+전치사	a pen **to write** with (쓸 펜)
-thing, -one, -body+형용사+to부정사	something **cold to drink** (마실 것)

Quick Check Up

[정답 p. 10]

우리말과 일치하도록 괄호 안에서 알맞은 말을 고르시오.

1 나의 아빠는 나에게 앉을 의자를 만들어 주셨다.

➡ My dad made me a chair (to sit / to sit on).

2 우리는 오늘 할 숙제가 많다.

➡ We have a lot of homework (to do / to do with) today.

3 저에게 마실 따뜻한 것을 주세요.

➡ Please give me something (to drink warm / warm to drink).

4 너는 쓸 연필이 있니?

➡ Do you have a pencil (to write / to write with)?

5 수업에 늦은 이유가 있니?

➡ Do you have any reasons (be / to be) late for class?

A _ 어법 수정 어법상 **틀린** 부분을 바르게 고쳐서 문장을 다시 쓰시오.

1 There may be someone help you.

➡ _____

2 He has many shoes to wear on.

➡ _____

3 Sora is the only friend to talk.

➡ _____

4 The boy needs something to have delicious.

➡ _____

B _ 순서 배열 우리말과 일치하도록 주어진 말을 바르게 배열하시오.

1 우리는 오늘 읽을 책이 몇 권 있다. (some books / today / we / to / have / read)

➡ _____

2 Fred는 뭔가 할 재미있는 것이 필요하다. (interesting / needs / to / Fred / something / do)

➡ _____

3 그 부부는 살 집을 짓기로 결심했다. (decided / live / build / the couple / a house / in / to / to)

➡ _____

C _ 영작 우리말과 일치하도록 주어진 말을 이용하여 영어로 옮기시오.

1 나는 너를 사랑하는 이유가 많다. (have, a lot of, reasons, love)

➡ _____

2 우리는 함께 일할 사람을 찾고 있습니다. (look for, a person, work)

➡ _____

3 신고할 것이 있습니까? (have, anything, declare)

➡ _____

빈출 유형

A 어법상 <u>틀린</u> 부분을 바르게 고쳐서 문장을 다시 쓰시오.

1 That will be great to see you soon.

➡ _____

2 Do you know where to buying a good computer?

➡ _____

3 We are planning get married next year.

➡ _____

4 My dream is to traveling around the world.

➡ _____

5 Dan needs a comfortable sofa to sit.

➡ _____

B 우리말과 일치하도록 주어진 말을 사용하여 영어로 옮기시오. (to부정사를 사용할 것)

1 Henry는 이 가게에서 살 물건이 몇 개 있었다. (have, a few things, buy)

➡ _____ at this store.

2 저에게 쓸 종이 한 장을 주세요. (give, a piece of paper, write)

➡ Please _____.

3 그들의 계획은 도쿄를 방문하는 것이었다. (plan, visit, Tokyo)

➡ _____

4 어제 그 일을 끝내는 것은 불가능했다. (it, impossible, finish, the work)

➡ _____

5 Diana는 몇 년 동안 스페인어 말하는 것을 배웠다. (learn, speak, Spanish)

➡ _____ for years.

C 우리말과 일치하도록 보기 에서 두 개씩 골라 알맞은 형태로 바꿔 쓰시오.

보기	win	work	choose	be
	promise	watch	hope	make

1 그 요리사는 우리에게 요리 몇 가지를 만들어 주겠다고 약속했다.

➡ The chef _____ us some food.

2 그의 목표는 올해 세계 선수권대회에서 우승하는 것이다.

➡ His goal _____ the world championship this year.

3 먼저 우리는 볼 영화를 골라야 한다.

➡ First, we should _____ .

4 언젠가 당신과 함께 일하기를 희망합니다.

➡ I _____ with you some time.

Real Test

조건 에 맞게 밑줄 친 우리말을 영어로 옮기시오.

조건 | 1. 〈의문사+to부정사〉를 사용하시오.
2. 괄호 안의 말을 사용하시오. (필요하면 형태를 바꿀 것)

1 Eden likes guitars. <u>그는 기타를 어떻게 치는지 배우고 싶어 한다.</u> (learn, play the guitar)

➡ He wants _____ .

2 Mina called me yesterday. <u>그녀는 언제 쇼핑하러 갈지 물었다.</u> (ask, go shopping)

➡ She _____ .

3 We are going to travel abroad. <u>어디에서 싼 비행기를 찾을지 우리에게 알려줄래요?</u> (find, cheap flights)

➡ Can you tell us _____ ?

Focus 23 to부정사의 부사적 용법

I'm so happy **to see** you again.

나는 너를 다시 보게 되어 매우 행복하다.

• to부정사의 부사적 용법은 목적, 감정의 원인, 결과, 판단의 근거 등의 뜻을 나타내며, 주로 형용사나 부사를 수식한다.

e.g. I went to the library **to borrow** some books. (나는 책 몇 권을 대출하기 위해 도서관에 갔다.)
He grew up **to be** a great musician. (그는 자라서 훌륭한 음악가가 되었다.)
You must be a genius **to solve** the problem. (그 문제를 풀다니 너는 천재가 틀림 없어.)
The machine is easy **to use**. (그 기계는 사용하기 쉽다.)

목적	~하기 위해서	= in order to, so as to
감정의 원인	~해서	glad, pleased, happy, sad, excited, shocked, surprised 등의 형용사와 함께 쓰임
결과	~해서 (그 결과) ⋯되다	grow up, wake up, awake, live 등의 동사와 함께 쓰임
판단의 근거	~하다니	must be, cannot be 등의 조동사와 함께 쓰임
형용사/부사 수식	~하기에	

Quick Check Up

[정답 p. 10]

밑줄 친 부분을 우리말로 바르게 옮긴 것을 고르시오.

1 Sora went out <u>to get some fresh air</u>.

☐ 신선한 공기를 쐬기 위해   ☐ 신선한 공기를 쐬어서

2 Sora was happy <u>to get some fresh air</u>.

☐ 신선한 공기를 쐬기 위해   ☐ 신선한 공기를 쐬어서

3 He must be a fool <u>to buy that house</u>.

☐ 그 집을 사기에   ☐ 그 집을 사다니

4 He is very rich <u>to buy that house</u>.

☐ 그 집을 사기에   ☐ 그 집을 사다니

5 The boy grew up <u>to be a firefighter</u>.

☐ 소방관이 되었다   ☐ 소방관이 되기 위해

6 The boy studied hard <u>to be a firefighter</u>.

☐ 소방관이 되었다   ☐ 소방관이 되기 위해

A_문장 완성 우리말과 일치하도록 주어진 말을 사용하여 문장을 완성하시오.

1 그들은 7시에 비행기를 타기 위해 일찍 일어났다. (catch)

➡ They got up early _____ _____ the flight at 7.

2 나는 월드컵 경기장에서 축구 경기를 보게 되어 신이 난다. (watch)

➡ I am excited _____ _____ the soccer game at World Cup Stadium.

3 그녀는 그 웅변대회에서 우승해서 놀랐다. (win)

➡ She was surprised _____ _____ the speech contest.

4 나의 할머니는 100세까지 사셨다. (be)

➡ My grandmother lived _____ _____ 100 years old.

B_순서 배열 우리말과 일치하도록 주어진 말을 바르게 배열하시오.

1 Paul은 다른 도시로 이사하게 되어 슬펐다. (another city / Paul / sad / move / to / to / was)

➡ _____

2 다른 사람들을 도와 주다니 너는 매우 착하구나. (kind / you / others / are / help / so / to)

➡ _____

3 Dan은 실수하지 않기 위해 열심히 연습했다.
(Dan / make / hard / a mistake / not / practiced / to)

➡ _____

C_영작 우리말과 일치하도록 주어진 말을 이용하여 영어로 옮기시오.

1 그는 깨어나보니 자신이 유명해졌음을 알았다. (awake, find himself famous)

➡ _____

2 이 음식은 요리하기 쉽지 않다. (this food, be, not, easy, cook)

➡ _____

3 우리는 거기에 가려면 이 버스를 타야 한다. (should, take a bus, go, there)

➡ _____

Focus 24 to부정사를 이용한 주요 표현

She was **too young to ride** the water slide.

그녀는 너무 어려서 워터슬라이드를 탈 수 없었다.

• 다음은 to부정사를 이용한 주요 표현들이다.

too＋형용사/부사＋to부정사	～하기에 너무 …한/하게 너무 …해서 ～할 수 없다	＝ so＋형용사/부사＋that＋주어＋can't ～
형용사/부사＋enough＋to부정사	～할 만큼 충분히 …한/하게	＝ so＋형용사/부사＋that＋주어＋can ～
주어＋seem＋to부정사	～인 것 같다	＝ It seems that＋주어＋현재동사 ～
It takes＋시간/돈/노력＋to부정사	～하는 데 …의 시간/돈/노력이 걸리다/들다/필요하다	

> **Note**
> 〈주어＋seem＋to부정사〉의 과거시제
> 동사 seem은 과거시제로 쓸 수 있는데, 이를 that절로 쓸 때는 〈It seemed that＋주어＋과거동사 ～〉의 형태로 쓴다.
> *e.g.* He **seemed** to be happy. (그는 행복한 것 같았다.)
> → It **seemed** that he **was** happy.

Quick Check Up

[정답 p. 11]

우리말과 일치하도록 괄호 안에서 알맞은 말을 고르시오.

1 Sally는 너무 피곤해서 영화를 끝까지 볼 수 없었다.

➡ Sally was (so / too) tired to finish the movie.

2 거기까지 가는 데 한 시간이 걸릴 것이다.

➡ (It / That) will take one hour to get there.

3 그 남자는 매우 바빠 보인다.

➡ The man seems (be / to be) very busy.

4 Ryan은 나를 따라잡을 만큼 빨리 달렸다.

➡ Ryan ran (enough fast / fast enough) to catch up with me.

5 나는 너무 화가 나서 아무 말도 할 수 없었다.

➡ I was so upset that I (could / couldn't) say anything.

A_문장 완성 두 문장이 같은 뜻이 되도록 빈칸에 알맞은 말을 쓰시오.

1 The sneakers are so big that I can't wear them.

➡ The sneakers are _____ _____ _____ _____.

2 He was so old that he could watch the drama.

➡ He was _____ _____ _____ _____ the drama.

3 It seemed that Mina knew the answer.

➡ Mina seemed _____ _____ the answer.

B_순서 배열 우리말과 일치하도록 주어진 말을 바르게 배열하시오.

1 저쪽에 있는 저 남자아이는 Robert 같다. (over there / to / the boy / Robert / seems / be)

➡ _____

2 그 집을 짓는 데 많은 돈이 들었다. (a lot of / the house / it / money / to / took / build)

➡ _____

3 그는 좋은 성적을 받을 만큼 열심히 공부했다.
(to / grades / he / enough / good / studied / get / hard)

➡ _____

4 너무 더워서 운동장에서 축구를 할 수 없었다.
(too / soccer / it / in the field / to / was / play / hot)

➡ _____

C_영작 우리말과 일치하도록 주어진 말을 이용하여 영어로 옮기시오.

1 날씨가 매우 변덕스러운 것 같다. (the weather, seem, changeable, very)

➡ _____

2 그 여자아이는 너무 어려서 스스로 옷을 입을 수 없었다. (the girl, too, young, dress herself)

➡ _____

3 그는 외국 사람과 대화를 할 정도로 영어를 잘한다. (speak, well, enough, talk with foreigners)

➡ _____

A 우리말과 일치하도록 어법상 <u>틀린</u> 부분을 바르게 고치시오.

1 새 학교에 익숙해지는 데는 얼마의 시간이 걸린다.

➡ It takes some time get used to the new school.   _____ ➡ _____

2 너는 그 이야기를 이해할 만큼 나이가 들었다.

➡ You are enough old to understand the story.   _____ ➡ _____

3 그는 키가 너무 커서 앞 줄에 앉을 수 없었다.

➡ He was very tall to sit in the front row.   _____ ➡ _____

4 우리는 너와 함께 캠핑을 가서 기뻤다.

➡ We were pleased go camping with you.   _____ ➡ _____

5 Ann은 너무 긴장해서 잠을 잘 잘 수 없었다.

➡ Ann was so nervous that she could sleep well.   _____ ➡ _____

빈출 유형

B 주어진 말을 사용하여 다음 두 문장을 한 문장으로 쓰시오. (단, to부정사를 사용할 것)

1 He is very strong. He can carry the boxes. (enough)

➡ He _____ .

2 The girl grew up. She became a doctor. (be)

➡ The girl _____ .

3 They went to the grocery store. They wanted some milk. (buy)

➡ They _____ .

4 Gina was very sad. She couldn't read the book. (too)

➡ Gina _____ .

5 Fred arrived late at the school. He was sorry. (seem)

➡ Fred _____ .

C 주어진 말을 이용하여 다음 질문에 알맞은 대답을 완전한 문장으로 쓰시오.

1 A: How long will it take to get to your house?

B: It _____. (30 minutes)

2 A: Why did they wait in line?

B: They _____. (buy a ticket)

3 A: Why are you so happy?

B: I _____. (meet my old friend)

4 A: How do you think the baby is?

B: He _____. (seem, okay)

Real Test

조건 에 맞게 다음 우리말을 영어로 옮기시오.

> 조건 1. to부정사를 사용하시오.
>   2. 괄호 안의 말을 사용하시오. (필요하면 형태를 바꿀 것)

1 Brown 씨는 오늘 너무 바빠서 점심을 먹을 수 없었다. (Mr. Brown, too, busy, have lunch)

➡ _____

2 Jack은 일어나보니 병원에 있다는 것을 알았다. (awake, find, himself, in hospital)

➡ _____

3 그것을 발명하다니 그녀는 천재임에 틀림없다. (must, a genius, invent, that)

➡ _____

4 그 교회를 완성하는 데 100년 이상이 걸릴 것이다. (it, more than, build, the church)

➡ _____

Focus 25 for+목적격

It is difficult **for me** to ride my bike.

나는 자전거를 타는 것이 어렵다.

- to부정사의 의미상 주어가 문장의 주어와 다를 때 to부정사 앞에 〈for+목적격〉이나 〈of+목적격〉의 형태로 쓴다. 의미상 주어는 대부분 〈for+목적격〉으로 쓰인다.
- to부정사가 목적격보어로 쓰인 경우 목적어가 의미상 주어가 된다. 이때 의미상 주어 앞에는 for가 없음에 주의한다.
  e.g. Jason wants **me** to practice harder. (Jason은 내가 좀 더 열심히 연습하기를 원한다.)

easy, hard, safe, difficult, important, lucky, helpful, possible, impossible, necessary, natural 등 일반 형용사	+for+목적격+to부정사

Note
to부정사를 목적격보어로 쓰는 동사는 allow, want, hope, expect, tell, ask, order 등이다.

Quick Check Up

[정답 p. 11]

A 괄호 안에서 알맞은 말을 고르시오.

1 It is important (her / for her) to tell me the truth.

2 His books are difficult (us / for us) to understand.

3 Jessie expected (him / for him) to come back.

4 I want (you / for you) to leave earlier.

B 우리말과 일치하도록 주어진 말을 이용하여 문장을 완성하시오.

1 그녀가 화가 난 것은 당연하다. (natural, her)

➡ It is _____ _____ _____ to feel upset.

2 그들이 그 경기에서 승리하는 게 가능할까요? (possible, them)

➡ Will it be _____ _____ _____ to win the game?

3 너의 부모님은 네가 거기에 가도록 허락하셨니? (allow, go)

➡ Did you parents _____ _____ _____ _____ there?

A_문장 전환 주어진 말을 to부정사의 의미상 주어로 활용하여 문장을 다시 쓰시오.

1 It is necessary to exercise regularly. (me)

➡ _____

2 The teacher advised to read more books. (them)

➡ _____

3 Sora allowed to use her computer. (him)

➡ _____

4 The decision was hard to make. (us)

➡ _____

B_순서 배열 우리말과 일치하도록 주어진 말을 바르게 배열하시오.

1 그의 조언은 내가 그 일을 끝내는 데 매우 도움이 되었다.
(was / to / his advice / very / for / finish / me / helpful / the work)

➡ _____

2 아이가 개에게 가까이 가는 것은 위험할 수 있다.
(a baby / come close / it / dangerous / for / to / may / to a dog / be)

➡ _____

3 그녀가 너의 제안을 받아들이는 것은 불가능할 것이다.
(impossible / to / for / will / your proposal / it / her / be / accept)

➡ _____

C_영작 우리말과 일치하도록 주어진 말을 이용하여 영어로 옮기시오.

1 내가 그 시스템을 이해하는 것이 필요했다. (necessary, me, understand, the system)

➡ _____

2 Dan은 우리가 그와 함께 게임을 하기를 원했다. (want, us, play, games, with)

➡ _____

3 그녀가 그 사고를 잊는 것은 어려울 것이다. (will, hard, her, forget, the accident)

➡ _____

Focus 26 of+목적격

It is very kind **of you** to help the old woman.

그 노인을 도와주다니 너는 참 친절하다.

• to부정사 앞에 사람의 성격을 나타내는 형용사가 올 때 의미상 주어는 〈of+목적격〉의 형태로 쓴다.

nice, kind, wise, foolish, rude, brave, generous, silly, polite, careless 등 사람의 성격을 나타내는 형용사	+of+목적격+to부정사

Quick Check Up

[정답 p. 12]

A 괄호 안에서 알맞은 말을 고르시오.

1 It will be great (for / of) us to win the game.

2 It was careless (for / of) you to break the cap.

3 It will be stupid (for / of) her to do that.

B 우리말과 일치하도록 주어진 말을 이용하여 문장을 완성하시오.

1 저에게 길을 알려주셔서 정말 감사합니다. (nice, you)

➡ It is very _____ _____ _____ to show me the way.

2 다른 사람들의 욕을 하다니 그는 매우 무례하다. (rude, he)

➡ It is so _____ _____ _____ to speak ill of others.

3 내 조언을 무시하다니 그녀는 현명하지 못했다. (wise, she)

➡ It was not _____ _____ _____ to ignore my advice.

4 John을 용서하다니 그들은 매우 관대하다. (generous, they)

➡ It is very _____ _____ _____ to forgive John.

5 그 여자를 믿다니 Lisa는 바보 같다. (foolish, Lisa)

➡ It is _____ _____ _____ to believe the woman.

A_문장 전환 **주어진 말을 to부정사의 의미상 주어로 활용하여 문장을 다시 쓰시오.**

1 It is kind to come to my birthday party. (you)

➡ _____

2 It was foolish to go there at night. (him)

➡ _____

3 It was brave to save the baby from the fire. (her)

➡ _____

4 It is not polite to ask me personal questions. (you)

➡ _____

B_순서 배열 **우리말과 일치하도록 주어진 말을 바르게 배열하시오.**

1 그렇게 말씀해 주시니 고맙습니다. (kind / to / it / of / so / you / is / say)

➡ _____

2 새로운 일을 시도하다니 그는 매우 현명했다.
(wise / try / it / to / something / so / was / him / new / of)

➡ _____

3 술을 먹고 운전하다니 그는 부주의했다.
(careless / drink / it / him / drive / was / to / of / and)

➡ _____

C_영작 **우리말과 일치하도록 주어진 말을 이용하여 영어로 옮기시오.**

1 여자에게 자리를 양보하다니 너는 정말 착하다. (really, good, give up your seat, to a woman)

➡ _____

2 그런 말을 하다니 너는 어리석었다. (silly, say, such a thing)

➡ _____

3 일찍 너의 사업을 시작하다니 너는 현명했다. (clever, start your own business)

➡ _____

빈출 유형

A 어법상 **틀린** 부분을 바르게 고쳐서 문장을 다시 쓰시오.

1 It was natural of him to pass the test.

➡ _____

2 It was wise for her to call the police right away.

➡ _____

3 My parents expected for me to study law.

➡ _____

4 It will be important him to keep the secret.

➡ _____

5 It is kind you to take pictures of me.

➡ _____

B 우리말과 일치하도록 주어진 말과 to부정사를 이용하여 문장을 완성하시오.

1 경기하는 동안에 다리가 부러지다니 그는 조심성이 없었다. (careless, break his leg)

➡ It was _____.

2 우리가 인도로 걷는 것은 틀림없이 안전하다. (safe, walk on the sidewalk)

➡ It must be _____.

3 지난달에 그녀가 좋은 직장을 얻은 것은 행운이었다. (lucky, get a good job)

➡ It was _____.

4 내가 영어 그림책을 읽는 것은 쉽다. (easy, read an English picture book)

➡ It is _____.

5 거리를 청소하다니 그들은 매우 친절했다. (nice, clean the street, very)

➡ It was _____.

고난도

C 두 문장을 to부정사를 이용하여 한 문장으로 바꿔 쓰시오.

1 He comes home early. It is unusual.

➡ It _____ .

2 She bought some cheese and milk. It was necessary.

➡ It _____ .

3 They spent all the money so fast. It was stupid.

➡ It _____ .

4 I took the subway to the stadium. The man told me to.

➡ The man _____ .

Real Test

조건 에 맞게 밑줄 친 우리말을 영어로 옮기시오.

조건   1. 의미상 주어를 반드시 사용하시오.
      2. 괄호 안의 말을 사용하시오. (필요하면 형태를 바꿀 것)

1 John was bad at math. <u>수학 공식은 그가 암기하기 어려웠다.</u> (the formulas, difficult, memorize)

➡ _____

2 The students were in the museum. <u>소란을 피우다니 그들은 무례했다.</u> (rude, make noise)

➡ _____

3 Sally is going to enter a contest. <u>그녀는 매일 연습하는 것이 힘들다.</u> (hard, practice, every day)

➡ _____

4 Fred spoiled his work because of some errors. <u>그가 그렇게 하다니 어리석었다.</u> (silly, him, do that)

➡ _____

Focus 27 동명사의 쓰임

Walking can be a good way of **exercising**.

걷기는 운동을 하는 좋은 방법이 될 수 있다.

- 동명사는 〈동사원형-ing〉의 형태로 쓴다. 명사처럼 주어, 목적어, 보어 역할을 하며, '~하기, ~하는 것'이라는 뜻으로 해석한다.
  e.g. The children enjoyed **swimming** in the river. 동사의 목적어 (그 아이들은 강에서 수영하는 것을 즐겼다.)
     Thank you for **inviting** me. 전치사의 목적어 (저를 초대해 주셔서 감사합니다.)
     His hobby is **collecting** bottle caps. 보어 (그의 취미는 병뚜껑을 모으는 것이다.)

- 주어로 쓰인 동명사는 단수 취급하여 뒤에 단수 동사가 온다.
  e.g. **Working** with him <u>was</u> a great experience for me. (그와 함께 일한 것은 나에게 훌륭한 경험이었다.)

- 동명사의 부정은 not을 동명사 앞에 쓴다.
  e.g. They are starting a campaign for **not** <u>using</u> plastic straws. (그들은 플라스틱 빨대를 사용하지 않기 위한 캠페인을 시작하고 있다.)

동명사의 형태	동사원형+-ing	동명사의 역할	주어, 목적어, 보어 역할
동명사의 의미	~하기, ~하는 것	동명사의 부정	not+동명사

Quick Check Up

[정답 p. 12]

A 괄호 안에서 알맞은 말을 고르시오.

1 (Having not / Not having) breakfast can be bad for your health.

2 His favorite activity is (put / putting) a puzzle together.

3 The baby kept (crying / to cry) until her mother held her.

4 I'm very sorry (for not / not for) coming on time.

5 Making a decision (isn't / aren't) easy for me.

B 우리말과 일치하도록 주어진 말을 이용하여 문장을 완성하시오.

1 엄마는 운전면허 시험을 보는 것에 대해 걱정하신다. (take)

　➡ Mom is worried about _____ a driving test.

2 그와 함께 노는 것은 항상 나를 즐겁게 만든다. (play, make)

　➡ _____ with him always _____ me delighted.

A _어법 수정 어법상 <u>틀린</u> 부분을 바르게 고쳐서 문장을 다시 쓰시오.

1 Sleep well is important for your body and mind.

➡ _____

2 I can't imagine using not a smartphone.

➡ _____

3 Don't open the window without turn off the air conditioner.

➡ _____

B _순서 배열 우리말과 일치하도록 주어진 말을 바르게 배열하시오.

1 나의 직업은 우편물과 소포를 배달하는 것이다.
(mail / my job / and / delivering / packages / is)

➡ _____

2 새로운 음식을 먹어보는 것은 나를 신나게 한다.
(makes / new food / feel / trying / me / excited)

➡ _____

3 Jack은 농부로 사는 것에 관심이 있어 왔다.
(Jack / living / been / a farmer / has / interested / as / in)

➡ _____

C _영작 우리말과 일치하도록 주어진 말을 이용하여 영어로 옮기시오.

1 그녀의 취미는 밤에 라디오를 듣는 것이다. (hobby, listen to, the radio, at night)

➡ _____

2 그들은 손을 흔들면서 나를 맞이했다. (greet, me, by, wave their hands)

➡ _____

3 그 학생들은 벽에 그림 그리는 것을 끝냈니? (the students, finish, paint pictures, on the wall)

➡ _____

Focus 28 동명사를 이용한 주요 표현

We **look forward to seeing** you soon.

우리는 너를 곧 만날 것을 기대한다.

• 다음은 동명사를 이용한 주요 표현들이다. look forward to, be used to 등에서 to는 전치사 to이므로 다음에 동명사가 온다는 것에 주의한다.

go -ing	~하러 가다	feel like -ing	~하고 싶다
be busy -ing	~하느라 바쁘다	be worth -ing	~할 가치가 있다
How[What] about -ing?	~하는 게 어때?	have difficulty -ing	~하는 데 어려움을 겪다
look forward to -ing	~하기를 기대/고대하다	spend+돈/시간+-ing	~하는 데 돈/시간을 쓰다
be used to -ing	~하는 데 익숙하다	cannot help -ing	~하지 않을 수 없다

> **Note**
>
> **be used to+동사원형**
> 〈be used to+동사원형〉은 수동태로, '~하는 데 사용되다'라는 뜻이다.
> *e.g.* This money will **be used to pay** the rent.
> (이 돈은 집세를 내는 데 쓰일 것이다.)

Quick Check Up

[정답 p. 12]

밑줄 친 부분에 유의하여 다음 우리말 해석을 완성하시오.

1 I <u>feel like seeing</u> Jane now.

➡ 나는 지금 Jane을 _____ .

2 Fred will <u>be used to living</u> alone.

➡ Fred는 혼자 _____ 것이다.

3 Ann is <u>looking forward to meeting</u> you again.

➡ Ann은 너를 다시 _____ 있다.

4 <u>What about having</u> lunch with me?

➡ 나와 함께 점심을 _____ ?

A _ 어법 수정 어법상 **틀린** 부분을 바르게 고쳐서 문장을 다시 쓰시오.

1 Ben spent a lot of money buy game goods.

➡ _____

2 Sora is having difficulty to turn her neck around.

➡ _____

3 My brother was busy to prepare for the test.

➡ _____

4 I'm looking forward to get an email from you soon.

➡ _____

B _ 순서 배열 우리말과 일치하도록 주어진 말을 바르게 배열하시오.

1 우리는 시험 결과에 대해 걱정하지 않을 수 없다.
(about / cannot / we / the test result / worrying / help)

➡ _____

2 지금 그에게 문자메시지를 보내는 게 어때?
(him / about / a text message / how / sending / now)

➡ _____

3 나의 엄마는 내 교복을 사러 가셨다.
(shopping / my school uniform / my mom / went / for)

➡ _____

C _ 영작 우리말과 일치하도록 주어진 말을 이용하여 영어로 옮기시오.

1 나의 누나는 밤에 늦게 자는 것에 익숙하다. (my sister, used to, go to bed, late)

➡ _____

2 나의 아빠와 나는 이번 주말에 낚시하러 갈 것이다. (go, fish)

➡ _____

3 Barcelona는 Gaudi의 작품을 보기 위해 방문할 가치가 있다. (worth, visit, see, works)

➡ _____

빈출 유형

A 다음 문장이 어법상 맞으면 ○표, 틀리면 ×표 하고, 틀린 부분을 바르게 고쳐 쓰시오.

1 They were looking forward to hear from you soon.　( )　_____ ⇒ _____

2 Owen enjoyed going on a vacation with his family.　( )　_____ ⇒ _____

3 Can you spend a day without touch you cell phone?　( )　_____ ⇒ _____

4 Your problem is focusing not on your work.　( )　_____ ⇒ _____

5 Watch the sunset at the beach was a fantastic experience.

　　　　　　　　　　　　　　　　　　　　　　　　　　( )　_____ ⇒ _____

B 우리말과 일치하도록 주어진 말을 이용하여 대화를 완성하시오.

1 A: _____ for a while? (how, take a break)

　　잠깐 동안 휴식을 취하는 게 어때?

　　B: That sounds good.

2 A: What is your mom doing now?

　　B: She _____. (busy, search the Internet)

　　엄마는 인터넷을 검색하느라 바쁘세요.

3 A: What's the problem?

　　B: I _____ food. (difficulty, swallow)

　　저는 음식을 삼키는 데 어려움을 겪어요.

4 A: Would you like to go to the movies? (feel like, go)

　　B: No. I don't _____ anything now.

　　아니, 나는 지금 아무것도 하고 싶지 않아.

5 A: What are you going to do this weekend?

　　B: I'm _____ in the pool. (go, swim)

　　나는 수영장에 수영하러 갈 예정이야.

C 우리말과 일치하도록 보기 에서 두 개씩 골라 알맞은 형태로 바꿔 쓰시오.

> 보기 spend   finish   worth   used
>   write   practice   live   have

1 한정판 물건은 간직할 가치가 있을지도 모른다.

➡ Limited editions can _____.

2 Jessi는 바이올린을 연습하는 데 많은 시간을 보냈다.

➡ Jessi _____ a lot of time _____ the violin.

3 그 소설가는 자신의 새 소설 집필을 방금 끝냈다.

➡ The novelist has just _____ her new novel.

4 너는 곧 더운 날씨에서 사는 데 익숙해질 것이다.

➡ You will _____ in hot weather soon.

Real Test

그림을 보고 주어진 말을 이용하여 문장을 완성하시오. (동명사를 사용할 것)

1

Henry isn't at home now.

He _____ this morning. (go, ski)

2

The puppies are so cute.

I _____ at them. (help, smile)

3

Sally is bored now.

She _____. (feel, watch)

Focus 29 목적어로 동명사를 취하는 동사, to부정사를 취하는 동사

Mina stopped **swimming**.
She wants **to ride** the water slide.

미나는 수영하는 것을 멈추었다. 그녀는 워터슬라이드를 타고 싶어 한다.

• 동사는 목적어로 동사를 취할 때 동명사 또는 to부정사 형태로 취한다.

 e.g. They kept **talking** about the accident. (그들은 그 사고에 대해 이야기를 계속했다.)

  ← They kept talk about the accident. (×)

 He planned **to move** to another city. (그는 다른 도시로 이사 갈 계획을 했다.)

  ← He planned move to another city. (×)

• begin, start, continue, like, hate 등의 동사는 목적어로 동명사와 to부정사 둘 다를 취할 수 있다.

 e.g. The musician continued **playing[to play]** the guitar. (그 음악가는 기타 연주를 계속했다.)

동명사만을 목적어로 취하는 동사	enjoy, finish, stop, keep, avoid, mind, practice, imagine, give up 등
to부정사만을 목적어로 취하는 동사	want, wish, hope, expect, plan, decide, agree, learn, need, promise, would like 등
동명사와 to부정사 둘 다를 목적어로 취하는 동사	like, love, hate, begin, start, continue 등

Quick Check Up

[정답 p. 13]

A 괄호 안에서 알맞은 것을 모두 고르시오.

1 Jason practiced (skateboarding / to skateboard) every day.

2 Do you agree (share / to share) your experience?

3 I can't imagine (living / to live) on Mars.

4 The coffee shop began (offering / to offer) paper straws.

B 우리말과 일치하도록 주어진 말을 이용하여 문장을 완성하시오.

1 우리는 슬라임을 갖고 노는 것을 즐겼다. (play)

 ➡ We enjoyed _____ with slime.

2 그 회사는 올해 30%까지 성장할 것으로 기대한다. (grow)

 ➡ The company expects _____ by 30% this year.

A_어법 수정 어법상 **틀린** 부분을 바르게 고쳐서 문장을 다시 쓰시오.

1 Elliot and Brian hate drive in rush hour.

➡ _____

2 People hoped hearing the truth from the man.

➡ _____

3 When did you finish to cook dinner?

➡ _____

B_순서 배열 우리말과 일치하도록 주어진 말을 바르게 배열하시오.

1 그 남자아이는 그림 그리는 것을 곧 배울 것이다.
(will / pictures / the boy / soon / learn / draw / to)

➡ _____

2 그 회사는 나에게 스팸 메일을 계속 보낸다.
(spam mails / continues / to / the company / sending / me)

➡ _____

3 내 컴퓨터는 똑같은 메시지를 계속해서 반복하고 있다.
(kept / the same / repeating / my computer / message)

➡ _____

C_영작 우리말과 일치하도록 주어진 말을 이용하여 영어로 옮기시오.

1 그 세탁기는 갑자기 작동을 멈췄다. (the washing machine, stop, work, suddenly)

➡ _____

2 그 여자는 벤치에 앉기를 원했다. (the woman, want, sit, bench)

➡ _____

3 나의 삼촌은 작년에 사업가로서 일하기 시작했다. (uncle, begin, work, as a businessman)

➡ _____

Focus **30** 목적어로 동명사와 to부정사를 모두 취하는 동사

Jake forgot **to bring** his camera.

Jake는 카메라를 가져오는 것을 잊었다.

- forget, remember, try 등의 동사는 목적어로 동명사와 to부정사 둘 다를 취할 수 있지만, 목적어의 형태에 따라 뜻이 달라진다.

e.g. Jake <u>remembered</u> **to turn off** the oven. to부정사 (Jake는 오븐을 끄는 것을 잊었다.)
　　 Jake <u>remembered</u> **turning off** the oven. 동명사 (Jake는 오븐 끈 것을 잊었다.)

forget+동명사 forget+to부정사	～한 것을 잊다 ～할 것을 잊다	remember+동명사 remember+to부정사	～한 것을 기억하다 ～할 것을 기억하다
try+동명사 try+to부정사	(시험 삼아) 한 번 ～해보다 ～하려고 애쓰다	regret+동명사 regret+to부정사	～한 것을 후회하다 ～하게 되어 유감이다

> **Note**
>
> stop+동명사 vs. stop+to부정사
>
> stop 다음에는 동명사와 to부정사 둘 다 올 수 있지만, to부정사가 오는 경우, 이는 목적어가 아닌 부사적 용법으로 해석해야 한다.
>
> *e.g.* The girl <u>stopped</u> **singing** on the stage. 동명사
> 　　(그 여자아이는 무대에서 노래부르는 것을 멈추었다.)
> 　　The girl <u>stopped</u> **to sing** on the stage. to부정사
> 　　(그 여자아이는 무대에서 노래부르기 위해 멈추었다.)

Quick Check Up
[정답 p. 13]

우리말과 일치하도록 괄호 안에서 알맞은 말을 고르시오.

1 그는 해마다 내 생일에 선물을 보내는 것을 잊지 않는다.

 He doesn't forget (sending / to send) me a gift for my birthday every year.

2 나는 그날에 너를 만난 것을 영원히 기억할 것이다.

➡ I'll remember (meeting / to meet) you on that day forever.

3 그 사람들은 스테이크 샘플을 한 번 먹어 보았다.

➡ The people tried (eating / to eat) a sample of steak.

4 여러분에게 슬픈 소식을 전하게 되어 유감입니다.

➡ We regret (delivering / to deliver) the sad news to you.

A_어법 수정 **우리말과 일치하도록 어법상 틀린 부분을 바르게 고치시오.**

1 나의 엄마는 나에게 화를 내지 않으려고 노력하신다.

➡ My mom tries not getting angry at me. _____ ➡ _____

2 문 잠그는 것을 기억하세요.

➡ Please remember locking the door. _____ ➡ _____

3 그는 그 수업을 신청했던 것을 잊어버렸다.

➡ He forgot to sign up for the class. _____ ➡ _____

4 Brown 씨는 새로운 직업을 가질 좋은 기회를 놓친 것을 후회했다.

➡ Mr. Brown regretted to miss a great chance to get a new job.

_____ ➡ _____

B_순서 배열 **우리말과 일치하도록 주어진 말을 바르게 배열하시오.**

1 Paul은 변기의 물을 내리는 것을 자주 잊는다. (flush / forgets / Paul / the toilet / often / to)

➡ _____

2 그의 죽음에 대해 당신에게 말하게 되어 유감입니다. (regret / about / I / you / his death / tell / to)

➡ _____

3 Lisa는 나와 함께 콘서트에 갈 것을 기억했다.
(Lisa / the concert / remembered / go / with me / to / to)

➡ _____

C_영작 **우리말과 일치하도록 주어진 말을 이용하여 영어로 옮기시오.**

1 Dan은 모두에게 최선을 다하려고 노력했다. (try, do his best, for everyone)

➡ _____

2 그녀는 내게 거짓말을 한 것을 잊어버렸다. (forget, tell a lie, me)

➡ _____

3 당신은 약 먹을 것을 어떻게 기억하나요? (remember, take your medicine)

➡ _____

신유형

A 문맥이 통하도록 주어진 동사를 사용하여 문장을 완성하시오.

1 meet Sam still remembers _____ her for the first time. It was at the museum.

Sam is looking forward to _____ her tomorrow. He can't wait for it.

2 buy Don't forget _____ some cheese. I need some for the salad.

I can't help _____ the cheese. It looks so delicious.

3 attach Paul sent me an email without _____ a file. He had to send it again.

Paul wanted _____ a file to the email. But he couldn't.

4 watch She stopped _____ the dog. She had to go home.

She stopped _____ the dog. It was very cute.

B 우리말과 일치하도록 주어진 말을 이용하여 문장을 완성하시오.

1 그는 아침을 거르지 않겠다고 약속했다. (promise, skip)

➡ _____

2 나는 밤 10시 이후에 산책하는 것을 피했다. (avoid, take a walk)

➡ _____

3 우리는 길에서 쓰레기 줍는 것을 계속할 것이다. (continue, pick up trash)

➡ _____ on the street.

4 그 선원들은 근처의 섬을 찾으려고 노력했다. (the sailors, try, find an island)

➡ _____ nearby.

5 나의 아빠는 건강을 위해 금연을 해야 한다. (should, give up, smoke)

➡ _____ for his health.

C 대화를 읽고 어법상 틀린 부분을 고른 후, 올바른 문장으로 다시 쓰시오.

1 A: How was your trip to the island? ☐

  B: It was great. ☐

   I will never forget to see the sunset there. ☐

  ➡ _____

2 A: Where were you yesterday? ☐

  B: I was at the mall. ☐

   I enjoyed shop for a jacket with Jane. ☐

  ➡ _____

3 A: Do you want having some chicken? ☐

  B: Sure. ☐

   I'd love some. ☐

  ➡ _____

Real Test

조건 에 맞게 밑줄 친 우리말을 영어로 옮기시오.

> 조건 1. 동명사 또는 to부정사를 사용하시오.
>   2. 괄호 안의 말을 사용하시오.

1 I lent my cell phone to Ryan. But he broke it.
  나는 Ryan에게 내 휴대전화를 빌려준 것을 후회한다. (regret)

  ➡ _____

2 I went to the mall to buy some pencils. There was a piece of paper next to the pencil tray. 나는 그 종이에 연필로 한번 써 보았다. (try, write, on, with)

  ➡ _____

3 Carol is interested in helping animals. 그녀는 수의사가 되기로 결심했다. (decide, a vet)

  ➡ _____

Focus 31 분사의 형태와 쓰임

The wall **painted** by the boy looked great.

그 소년에 의해 그려진 벽은 멋져 보였다.

- 분사는 〈동사원형-ing〉 현재분사나 〈동사원형-ed〉 과거분사의 형태로 쓴다.
- 분사는 명사를 꾸며주는 역할을 한다. 분사가 형용사처럼 쓰여 명사를 꾸며줄 때, 분사 단독으로 꾸미는 경우에는 명사 앞에 오고, 분사구가 길어질 경우에는 명사의 뒤에 온다.

  e.g. I saw **falling** leaves. 분사가 leaves 수식 (나는 떨어지는 잎들을 보았다.)

  I saw leaves **fallen on the ground**. 분사구가 leaves 수식 (나는 땅에 떨어진 잎들을 보았다.)

분사의 종류	현재분사	과거분사
형태	〈동사원형-ing〉	〈동사원형-ed〉
의미	~하는, ~하고 있는 (능동, 진행)	~된, ~한 (수동, 완료)
쓰임	명사 수식, 보어 역할	

Note

분사의 또 다른 쓰임

분사는 진행형, 수동태, 완료형을 만들 때 쓰인다.

e.g. I am **cleaning** my room. (진행형)

My room is **cleaned** by me. (수동태)

I have just **cleaned** my room. (현재완료)

Quick Check Up

[정답 p. 14]

우리말과 일치하도록 괄호 안에서 알맞은 말을 고르시오.

1 오늘 밤 유성을 볼 수 있는 가장 좋은 시간은 언제니?

➡ When is the best time to see the (falling / fallen) stars tonight?

2 너는 스위스에서 만들어진 시계를 갖고 있니?

➡ Do you have a watch (making / made) in Switzerland?

3 끓고 있는 냄비를 만지지 마시오.

➡ Don't touch the (boiling / boiled) pot.

4 이것은 많은 십 대들에 의해 행해지는 게임이다.

➡ This is a game (playing / played) by many teenagers.

5 Tom과 말하고 있는 여자는 내 담임선생님이시다.

➡ The woman (talking / talked) with Tom is my homeroom teacher.

A _ 어법 수정 우리말과 일치하도록 어법상 **틀린** 부분을 바르게 고치시오.

1 너는 나의 깨진 안경을 수리할 수 있니?

➡ Can you repair my breaking glasses? _____ ➡ _____

2 James라고 불리는 어떤 남자가 너를 보러 왔었다.

➡ A man calling James came to see you. _____ ➡ _____

3 미소 짓고 있는 아이 사진은 우리를 행복하게 해 준다.

➡ The picture of the smiled baby makes us happy. _____ ➡ _____

4 들판에서 자라고 있는 벼들이 노랗게 변했다.

➡ The rice plants grown in the field turned yellow. _____ ➡ _____

B _ 순서 배열 우리말과 일치하도록 주어진 말을 바르게 배열하시오.

1 경찰은 고속도로의 한 휴게소에서 도난당한 차를 찾았다.
(found / in a highway service area / car / the police / the stolen)

➡ _____

2 줄을 서서 기다리고 있는 사람 몇 명이 있다. (a few / in line / there / people / are / waiting)

➡ _____

3 음악에 맞춰 춤추고 있는 아이들을 보세요. (the children / to / look at / dancing / the music)

➡ _____

C _ 영작 우리말과 일치하도록 주어진 말을 이용하여 영어로 옮기시오.

1 너의 침대에서 자고 있는 그 남자는 누구니? (the man, sleep, in your bed)

➡ _____

2 Fred는 자신의 잃어버린 개를 찾으려고 애쓰고 있다. (try hard, find, lose)

➡ _____

3 이 공책은 재생 용지로 만들어졌다. (notebook, made of, recycle, paper)

➡ _____

Focus 32 감정을 나타내는 분사

The game was **exciting**.
We were so **excited** at the game.

그 경기는 흥미진진했다. 우리는 그 경기에 흥분했다.

• 사람의 감정을 유발하는 동사의 대부분은 분사 형태로 형용사처럼 쓰인다. '감정을 일으키는'이라는 능동의 뜻에는 현재분사의 형태로 쓰고, '감정을 느끼게 되는'이라는 수동의 뜻에는 과거분사의 형태로 쓴다.

감정을 일으키는(능동)		감정을 느끼게 되는(수동)	
interesting	흥미로운	interested	흥미로워하는
surprising	놀라운	surprised	놀란
exciting	흥분시키는	excited	흥분한
boring	지루하게 하는	bored	지루해하는
shocking	충격적인	shocked	충격 받은
confusing	혼란스러운	confused	혼란스러워하는
disappointing	실망스러운	disappointed	실망한
satisfying	만족스러운	satisfied	만족한

Quick Check Up

[정답 p. 14]

우리말과 일치하도록 괄호 안에서 알맞은 말을 고르시오.

1 많은 사람들이 그 사고에 충격을 받았다.

➡ Many people were (shocking / shocked) at the accident.

2 나는 인터넷에서 재미있는 동영상을 봤다.

➡ I saw an (interesting / interested) video clip on the Internet.

3 그 감독의 영화는 항상 만족스럽다.

➡ The director's movies are always (satisfying / satisfied).

4 지루해진 아이들은 시끄럽게 하기 시작했다.

➡ The (boring / bored) children started to make noises.

5 나의 부모님은 내 성적표를 보시면 놀라실 거야.

➡ My parents will be (surprising / surprised) when they see my report.

A _ 어법 수정 어법상 **틀린** 부분을 바르게 고쳐서 문장을 다시 쓰시오.

1 This city map is so confused to me.

➡ _____

2 That was an excited experience.

➡ _____

3 Are you satisfying with your new bike?

➡ _____

B _ 순서 배열 우리말과 일치하도록 주어진 말을 바르게 배열하시오.

1 나는 그 지루한 영화를 보는 동안 졸렸다.
(felt / boring / I / I / watching / movie / sleepy / the / was / while)

➡ _____

2 Sam은 컴퓨터 기술에 관심이 있었다.
(Sam / computer technology / interested / was / in)

➡ _____

3 우리는 오늘 아침 그 충격적인 소식을 들었다.
(heard / this morning / shocking / we / news / the)

➡ _____

C _ 문장 완성 우리말과 일치하도록 주어진 말을 이용하여 문장을 완성하시오.

1 어떤 관광객들은 다른 열차 시스템으로 혼란스러워한다. (confuse, with)

➡ Some tourists _____ the different train system.

2 어젯밤 은행 강도 사건은 정말 놀라웠다. (surprise, really)

➡ The bank robbery last night _____ .

3 나는 그 시합에서 그의 플레이에 실망했다. (disappoint, with)

➡ _____ his play at the game.

A 우리말과 일치하도록 주어진 동사를 이용하여 문장을 완성하시오.

1 make

Fred는 지금 스파게티를 만들고 있다. ➡ Fred is _____ spaghetti now.

Fred가 만든 스파게티는 맛있다. ➡ The spaghetti _____ by Fred is delicious.

2 hide

간식을 숨기고 있는 저 개를 봐. ➡ Look at the dog _____ his treat.

그는 숨겨진 간식을 찾을 수 없을 거야. ➡ It won't be able to find the _____ treat.

3 paint

나는 그림을 그리고 있다. ➡ I am _____ a picture.

그는 내가 그린 그림을 벽에 걸었다. ➡ He hung the picture _____ by me.

4 excite

흥분한 팬들이 일어났다. ➡ The _____ fans stood up.

그들은 그 흥미진진한 공연을 즐겼다. ➡ They enjoyed the _____ show.

B 우리말과 일치하도록 주어진 말을 이용하여 영어로 옮기시오.

1 그 수업은 나에게 지루했다. (the class, bore, to)

➡ _____

2 버스정류장에 서 있는 소년은 내 친구 Jack이다. (stand, at the bus stop, be, my friend)

➡ _____

3 사람들은 그녀의 실망스러운 공연에 화가 났다. (upset, about, disappoint, performance)

➡ _____

4 너의 새 직업은 만족스럽니? (new job, satisfy)

➡ _____

고난도

C 어법상 <u>틀린</u> 부분을 <u>모두</u> 찾아 올바른 문장으로 다시 쓰시오.

1 The news was surprised. It was surprised news for us.

➡ _____

2 Ann is interesting in web comics. She wants to create the most interested ones.

➡ _____

3 The documentary shows shocked facts about animals. It was really shocked.

➡ _____

4 A cried boy sat on the bench. Why was he cried?

➡ _____

D 우리말과 일치하도록 조건 에 맞게 영어로 옮기시오.

> 조건   1. 다음 단어를 사용하시오.
> (the street, slippery, because of, fall, snow)
> 2. 9단어의 문장으로 서술하시오.

떨어진 눈 때문에 거리가 미끄러웠다.

➡ _____

Real Test

다음 글을 읽고 주어진 말을 이용하여 우리말을 영어로 옮기시오.

This week, the famous singer KMT released his new song. Mina is a big fan of his. She bought the song and listened to it. (1) 그의 새 노래는 정말로 흥미로웠다. (interest, really) KMT is going to have a concert next week. (2) 미나는 그의 콘서트에서 실망해 본 적이 결코 없었다. (disappoint, never, at) She is going to go to the concert this time, too.

(1) _____

(2) _____

Focus 33 분사구문의 형태와 의미

Walking along the street, we saw James.

우리는 거리를 걷고 있었을 때 James를 보았다.

- 분사구문이란 〈접속사+주어+동사〉로 이루어진 부사절을 분사를 이용하여 줄여 쓴 구문이다. 접속사의 종류에 따라 분사구문은 시간, 이유, 조건, 동시동작을 나타낸다.
- 분사구문을 만드는 방법은 부사절의 접속사를 없애고, 부사절과 주절의 주어가 같으면 주어를 없앤 다음, 동사를 현재 분사로 바꾼다.

e.g. When we were walking along the street, we saw James. 시간의 부사절
   → **Walking** along the street, we saw James. 분사구문

Because it is located on the main street, the store is always crowded. 이유의 부사절
   → (**Being**) **Located** on the main street, the store is always crowded. 분사구문
   (그 가게는 중심가에 있어서 항상 붐빈다.)

분사구문의 의미	
시간	~할 때, ~하는 동안
이유	~ 때문에
조건	~하면
동시동작	~하면서

> **Note**
> **Being의 생략**
> 진행형이나 수동태에 쓰인 be동사는 분사구문에서 Being이 되는데, Being은 생략하여 쓰는 경우가 많다.

Quick Check Up

[정답 p. 14]

다음 문장을 분사구문으로 바꿀 때 빈칸에 알맞은 말을 고르시오.

1 If you turn right, you can see the building.

⇒ (Turning / Turned) right, you can see the building.

2 While she was listening to music, she studied.

⇒ (Listening / Listened) to music, she studied.

3 As he was tired from the work, he fell asleep quickly.

⇒ (Tiring / Tired) from the work, he fell asleep quickly.

4 When she was going shopping, she met an old friend of hers.

⇒ (Going / Gone) shopping, she met an old friend of hers.

A_문장 전환 밑줄 친 부사절을 분사구문으로 바꿔 쓰시오.

1 <u>Because I wanted to return the item</u>, I called the customer service.

➡ _____, I called the customer service.

2 <u>As she writes well</u>, she will become a great writer.

➡ _____, she will become a great writer.

3 <u>While he was taking a shower</u>, he was singing.

➡ _____, he was singing.

4 <u>After I got on the bus</u>, I began to look for an empty seat.

➡ _____, I began to look for an empty seat.

B_문장 해석 밑줄 친 분사구문을 우리말로 옮기시오.

1 <u>Ordering food with the app</u>, you can get a 10% discount.

➡ _____ 10퍼센트 할인을 받을 수 있다.

2 <u>Feeling angry</u>, Mom kept quiet.

➡ _____ 아무 말도 하지 않으셨다.

3 <u>Talking on the phone</u>, John was cooking his dinner.

➡ _____ 저녁을 요리하고 있었다.

C_문장 완성 우리말과 일치하도록 주어진 말을 알맞은 형태로 바꿔 쓰시오.

1 그 게임에 실망해서 사람들은 경기장을 빠져나가기 시작했다. (disappoint, with)

➡ _____, people started to leave the stadium.

2 너를 기다리는 동안 나는 모바일 게임을 했다. (wait for)

➡ _____, I played a mobile game.

3 그의 우승 소식을 듣자 그의 엄마는 기뻐서 울었다. (hear, the news, about, win)

➡ _____, his mom cried for joy.

Focus 34 여러 가지 분사구문

His son being sick, Mark went home early.

Mark는 그의 아들이 아파서 집에 일찍 갔다.

- 분사구문의 주어와 주절의 주어가 다를 때는 분사구문의 주어를 분사 앞에 쓴다.

  e.g. Because <u>there</u> was nothing to eat, I had to go out to buy some food.

  → **There being nothing to eat**, I had to go out to buy some food.

  (먹을 게 아무 것도 없어서 나는 사러 나가야 했다.)

- 〈with+명사+분사〉는 '〜이 …하면서, 〜을 …한 채로'라는 뜻이다.

  e.g. He was sitting **with his legs crossed**. (그는 다리를 꼰 채로 앉아 있었다.)

  He was looking at me **with tears running down his cheeks**. (그는 눈물이 볼에 흐르는 채로 나를 보았다.)

with+명사+현재분사	명사와 분사가 능동관계일 때	〜가 …한 채로, 〜을 …하면서
with+명사+과거분사	명사와 분사가 수동관계일 때	

*〈with+명사+분사〉에서 명사는 반드시 목적격으로 쓴다.

Quick Check Up

[정답 p. 15]

다음 문장을 분사구문으로 바꿀 때 괄호 안에서 알맞은 말을 고르시오.

1 As the weather got worse, we stayed home all weekend.

➡ (Getting / The weather getting) worse, we stayed home all weekend.

2 As someone was hurt in the accident, we called an ambulance.

➡ (Someone being hurt / Being hurt) in the accident, we called an ambulance.

3 While Gina was talking to him, she was crossing her arms.

➡ Gina was talking to him with her arms (crossing / crossed).

4 An old man walks every day. And his dog follows him.

➡ An old man walks every day with his dog (following / followed) him.

A _ 문장 전환 밑줄 친 부분을 분사구문으로 바꿔 쓰시오.

1 Because the weather was bad, we had to stay indoors.

➡ _____, we had to stay indoors.

2 As the sun is shining strongly, you should wear sunglasses.

➡ _____, you should wear sunglasses.

3 The baseball player bent his knees. Then he caught the ball.

➡ The baseball player caught the ball _____.

4 The man was running. And he was playing some music on his cell phone.

➡ The man was running _____.

B _ 순서 배열 우리말과 일치하도록 주어진 말을 바르게 배열하시오.

1 Lisa는 눈을 감은 채 그 수업을 듣고 있었다.
(with / Lisa / the class / closed / was / her eyes / taking)

➡ _____

2 날씨가 좋아서 나는 산책하러 밖에 나갔다. (went out / fine / I / for a walk / being / it)

➡ _____

3 Paul은 손을 흔들며 우리를 맞이했다. (us / waving / Paul / with / greeted / his hands)

➡ _____

C _ 문장 완성 우리말과 일치하도록 주어진 말을 이용하여 문장을 완성하시오.

1 나의 남동생은 그 문을 잠근 채로 세수를 했다. (the door, lock)

➡ My brother washed his face _____ _____ _____ _____.

2 비가 내리자 아이들은 집에 가기 시작했다. (rain, fall)

➡ _____ _____, the children began to go home.

3 그에게 기타를 치게 하면서 나는 몇 곡의 노래를 불렀다. (play the guitar)

➡ I sang a few songs _____ _____ _____ _____.

A 밑줄 친 부분이 부사절이면 분사구문으로, 분사구문이면 부사절로 바꿔 쓰시오.

1 <u>When he was left alone in the room</u>, he turned the music up very loud.

➡ _____, he turned the music up very loud.

2 <u>As the weather was nice</u>, we decided to play baseball.

➡ _____, we decided to play baseball.

3 <u>Turning right at the corner</u>, you can find the post office.

➡ _____, you can find the post office.

4 <u>Crossing the road</u>, you should look both ways.

➡ _____, you should look both ways.

5 <u>While he was watching an animation show on TV</u>, the kid was having a meal.

➡ _____, the kid was having a meal.

B 우리말과 일치하도록 주어진 말을 이용하여 문장을 완성하시오. (분사구문을 사용할 것)

1 겨울이 오면 우리는 여름을 그리워할 것이다. (come)

➡ _____, we will miss summer.

2 오늘 아침에 시간이 없어서 나는 아침을 걸렀다. (have, time)

➡ _____ this morning, I skipped breakfast.

3 그 소년은 불을 켜놓은 채로 잠을 잤다. (the light, turn on, with)

➡ The boy fell asleep _____.

4 그는 엄지손가락을 위로 올리며 나에게 미소 지었다. (thumb, point up, with)

➡ He smiled at me _____.

5 나에 대해 걱정이 되어서 Ryan은 어제 몇 번 전화했다. (worry about)

➡ _____, Ryan called me several times

yesterday.

빈출 유형

C 어법상 틀린 부분을 바르게 고쳐서 문장을 다시 쓰시오.

1 Felt sick, he left for home early.

➡ _____

2 Don't knowing what to do, I just stood quietly.

➡ _____

3 Taking by a professional photographer, the photos look perfect.

➡ _____

4 Sora was reading a book with tears run down her cheeks.

➡ _____

Real Test

조건에 맞게 밑줄 친 우리말을 영어로 옮기시오.

> 조건 1. 분사구문과 부사절을 사용하여 두 문장으로 쓰시오.
>   2. 괄호 안의 말을 사용하시오.

1 그 건물 꼭대기에 위치해 있기 때문에 그 식당은 전망이 멋지다. (locate, on top of, the building)

분사구문 ➡ _____, the restaurant has a great view.

부사절 ➡ _____, the restaurant has a great view.

2 그의 전화번호를 갖고 있지 않아서 나는 지금 그에게 전화할 수 없다. (have, phone number)

분사구문 ➡ _____, I can't call him now.

부사절 ➡ _____, I can't call him now.

3 날씨가 좋아서 공원에 사람들이 많았다. (fine, the weather, be)

분사구문 ➡ _____, there were a lot of people in the park.

부사절 ➡ _____, there were a lot of people in
the park.

35 관계대명사 who, whom, whose

I know a girl **who** has three brothers.

나는 남동생이 세 명이 있는 여자아이를 안다.

• 관계대명사는 접속사와 대명사 역할을 하며, 명사(선행사) 뒤에서 그 명사를 설명하는 절을 이끈다.

• 선행사가 사람일 때는 관계대명사절에서의 역할에 따라 who(주격), whom(목적격), whose(소유격)가 쓰인다.

e.g. I know **the girl**. **She** has three brothers.
　　→ I know **the girl** who has three brothers. 주어 역할을 하는 who
　　　(나는 남동생이 세 명이 있는 여자아이를 안다.)

　　I know **the girl**. Fred met **her** last week.
　　→ I know **the girl** who(m) Fed met last week. 목적어 역할을 하는 whom
　　　(나는 Fred가 지난 주에 만난 그 여자아이를 안다.)

　　I know **the girl**. **Her** dad works for a bank.
　　→ I know **the girl** whose dad works for a bank. 소유격 역할을 하는 whose
　　　(나는 그녀의 아버지가 은행에서 일하시는 여자아이를 안다.)

	who	주격(주어 역할)
선행사가 사람일 때	who(m)	목적격(목적어 역할)
	whose	소유격

Quick Check Up [정답 p. 15]

두 문장을 한 문장으로 만들 때 괄호 안에서 알맞은 말을 고르시오.

1 We want someone. The person is good at using Photoshop.

　➡ We want someone (who / whose) is good at using Photoshop.

2 The team has many good players. I like them.

　➡ The team has many good players (whom / whose) I like.

3 He is a singer. His song has reached the Billboard chart.

　➡ He is a singer (who / whose) song has reached the Billboard chart.

4 The girl is Jenny. She is wearing a blue jacket.

　➡ The girl (who / whom) is wearing a blue jacket is Jenny.

A _ 문장 전환 두 문장을 관계대명사 who, whom, whose를 이용하여 한 문장으로 바꿔 쓰시오.

1 She is the girl. I've often met her on the bus.

➡ She is the girl _____ on the bus.

2 He has some friends. The friends' parents live in Busan.

➡ He has some friends _____ .

3 The children look happy. They are riding the seesaw.

➡ The children _____ look happy.

B _ 순서 배열 우리말과 일치하도록 주어진 말을 바르게 배열하시오.

1 그는 한국에서 인기 있는 캐나다 배우이다.
(a Canadian actor / is / in Korea / he / who / is / popular)

➡ _____

2 머리가 파란 색인 여자아이는 춤을 잘 춘다.
(blue / well / the girl / dances / hair / is / whose)

➡ _____

3 Brown 씨는 네가 잘 알고 있는 사람이다.
(Mr. Brown / well / a man / know / whom / is / you)

➡ _____

C _ 영작 우리말과 일치하도록 주어진 말과 관계대명사를 이용하여 영어로 옮기시오.

1 나는 이름이 Anthony Brown이라는 작가를 만났다. (meet, writer, name)

➡ _____

2 부모를 잃어버린 한 소년이 길에서 울고 있었다. (lose, his parents, cry, street)

➡ _____

3 Ryan은 내가 믿는 친구이다. (trust, a friend)

➡ _____

Focus 36 관계대명사 which, whose

The sweater **which** he was wearing looked nice.

그가 입고 있는 스웨터는 좋아 보였다.

• 선행사가 사물이나 동물일 때는 관계대명사절에서의 역할에 따라 which(주격, 목적격), whose(소유격)가 쓰인다.

e.g. **The sweater** looked nice. He was wearing **it**.
→ **The sweater** which he was wearing looked nice. 주어 역할을 하는 which
(그가 입고 있는 스웨터는 좋아 보였다.)

The sweater looked nice. You bought **it** last week.
→ **The sweater** which you bought last week looked nice. 목적어 역할을 하는 which
(지난주에 네가 산 스웨터는 좋아 보였다.)

I entered **a building**. **Its** walls were covered with glass.
→ I entered **a building** whose walls were covered with glass. 소유격 역할을 하는 whose
(나는 벽이 유리로 덮인 건물에 들어갔다.)

	which	주격(주어 역할)
선행사가 사물이나 동물일 때	which	목적격(목적어 역할)
	whose	소유격

Quick Check Up

[정답 p. 15]

A 두 문장을 한 문장으로 만들 때 괄호 안에서 알맞은 말을 고르시오.

1 I love the food. The food is made with beans.

➡ I love the food (which / whose) is made with beans.

2 Insects are small animals. Their body can be divided into three parts.

➡ Insects are small animals (which / whose) body can be divided into three parts.

3 This is one of the most famous museums. Many tourists visit it every year.

➡ This is one of the most famous museums (which / whose) many tourists visit every year.

B 빈칸에 알맞은 관계대명사를 쓰시오.

1 Sujin likes to watch movies _____ have many special effects.

2 We met some people _____ houses were destroyed in the earthquake.

3 Jim bought the wallet _____ I wanted to buy.

[정답 p. 16]

A_문장 전환 두 문장을 관계대명사 which, whose를 이용하여 한 문장으로 바꿔 쓰시오.

1 John lives in a house. Its roof has solar panels.

⇒ John lives in a house _____ .

2 We went to a store. The store sells low-priced goods.

⇒ We went to a store _____ .

3 This is the hotel. Dan recommended it to me.

⇒ This is the hotel _____ .

B_순서 배열 우리말과 일치하도록 주어진 말을 바르게 배열하시오.

1 강변에 위치한 그 호텔은 멋진 전망을 갖고 있다.
(which / the riverside / the hotel / a great / is / has / located on / view)

⇒ _____

2 내 친구들은 내가 그들을 위해 만든 스파게티를 먹었다.
(made / which / my friends / for them / the spaghetti / I / ate)

⇒ _____

3 나는 시계바늘이 야광인 그 시계를 사고 싶다.
(I / the watch / are / whose / to buy / hands / luminous / want)

⇒ _____

C_문장 완성 우리말과 일치하도록 주어진 말과 관계대명사를 이용하여 문장을 완성하시오.

1 네가 어제 산 우유는 유통기한이 지났다. (buy)

⇒ The milk _____ _____ _____ yesterday has expired.

2 Andrew는 화면이 180도 돌아가는 노트북 컴퓨터를 갖고 있다. (screen)

⇒ Andrew has a laptop computer _____ _____ turns 180 degrees.

3 Becky에 의해 제작된 동영상들은 많은 십 대들을 사로잡았다. (make)

⇒ The video clips _____ _____ _____ by Becky attracted many teenagers.

빈출 유형

A 주어진 말을 사용하여 두 문장을 한 문장으로 바꿔 쓰시오.

1 I know a girl. Her mother cooks well. (whose)

➡ _____

2 The bookstore is a place. The place makes me happy. (which)

➡ _____

3 Jack wants to marry a woman. He should love her. (whom)

➡ _____

4 Venus is a planet. Its surface is hot enough to melt metal. (whose)

➡ _____

5 Sam is showing me some photos. He took them during his trip to Europe. (which)

➡ _____

B 우리말과 일치하도록 주어진 말과 관계대명사를 이용하여 문장을 완성하시오.

1 나는 나와 같은 취미를 가진 누군가를 만나고 싶다. (want, someone, have, the same hobby)

➡ _____ as I do.

2 이것이 Sam이 나에게 주었던 모자이다. (a cap, give)

➡ _____

3 다리가 정말로 짧은 개를 봐라. (look at, leg, really, short)

➡ _____

4 저쪽의 남자분이 우리가 존경하는 선생님이다. (a teacher, respect)

➡ The man over there is _____ .

5 신발끈이 없는 운동화는 신기 편하다. (the sneakers, have, shoestrings)

➡ _____ are easy to wear.

C 어법상 <u>틀린</u> 부분을 바르게 고쳐서 문장을 다시 쓰시오.

1 This is the doctor whom operated on my broken arm.

➡ _____

2 A sofa whose can expand to a bed is useful for a small room.

➡ _____

3 The restaurant which food is delicious became popular soon.

➡ _____

4 Jenny is the woman whose I'm looking for.

➡ _____

Real Test

그림을 보고 관계대명사와 주어진 말을 이용하여 빈칸을 완성하시오.

1

a good store, rent

➡ Here is _____ _____ _____ _____

_____ hanboks to people.

2

a girl, father, work

➡ I know _____ _____ _____ _____

_____ in this building.

3

a room, have

➡ Do you have _____ _____ _____ _____

an ocean view?

Focus 37 관계대명사 that, what

Buy me the book **that** the author wrote.
That's **what** I want.

제게 그 작가가 쓴 책을 사 주세요. 그게 제가 원하는 거예요.

- 관계대명사 that은 who, which를 대신해서 쓸 수 있다. 단, that은 소유격을 대신하여 쓸 수 없다.
- 선행사가 〈사람＋사물/동물〉일 때, 선행사에 -thing, -body 등이 있을 때, 선행사에 최상급, the only, the very, the same, 서수 등이 있을 때는 주로 관계대명사 that만을 쓴다.
  e.g. The girl and her dog **that** are playing with a ball look happy. 선행사가 〈사람＋동물〉일 때
    (공을 갖고 놀고 있는 여자아이와 개는 행복해 보인다.)
- 관계대명사 what은 '～한 것'이라는 뜻으로 선행사를 포함하며, 문장에서 주어, 목적어, 보어 역할을 한다. 관계대명사 what은 the thing(s) which[that]로 바꿔 쓸 수 있다.
  e.g. That's **what** I want.
    = That's **the thing which[that]** I want.

관계대명사 that	관계대명사 what
선행사를 포함하지 않음	선행사를 포함함(～한 것)
선행사를 수식(형용사절)	주어, 목적어, 보어 역할(명사절)
which, who 대신 쓸 수 있음	the thing(s) which[that]으로 바꿔 쓸 수 있음

> **Note**
> what이 이끄는 관계대명사절이 주어로 쓰이면 단수 취급한다.
> e.g. What I want to do **is** to play soccer.
>   (내가 하고 싶은 것은 축구를 하는 것이다.)

Quick Check Up

[정답 p. 16]

A 괄호 안에서 알맞은 말을 고르시오.

1 There is something (that / what) you should know.

2 (That / What) I want now is just to do nothing.

3 This is the first watch (that / which) my uncle bought for me.

4 Have you already done (which / what) I asked?

B 빈칸에 알맞은 관계대명사를 쓰시오.

1 이 책은 우리가 올해 읽어야 할 것이다.

   ➡ This book is _____ we should read this year.

2 이것은 우리가 올해 읽어야 할 책이다.

   ➡ This is a book _____ we should read this year.

A_어법 수정 어법상 **틀린** 부분을 바르게 고쳐서 문장을 다시 쓰시오.

1 The police removed the wire what was choking the dog.

➡ _____

2 His style is that attracts me most.

➡ _____

3 That you sent to me hasn't arrived yet.

➡ _____

B_순서 배열 우리말과 일치하도록 주어진 말을 바르게 배열하시오.

1 Dan은 여기서 내가 알고 있는 유일한 사람이다.
(that / Dan / here / the only / is / I / person / know)

➡ _____

2 너는 그가 어제 말한 것을 이해했니? (understand / what / did / said / he / yesterday / you)

➡ _____

3 내가 너를 도와 줄 게 있니? (I / for you / that / there / do / is / anything / can)

➡ _____

C_영작 우리말과 일치하도록 주어진 말을 이용하여 영어로 옮기시오.

1 그에 대해 네가 알고 있는 것이 사실이 아닐지도 모른다. (what, know about, may)

➡ _____

2 잔디밭에서 놀고 있는 남자와 그의 개는 신이 난 것 같다. (that, play, grass, seem, excited)

➡ _____

3 갈릭 스파게티는 저녁 식사로 우리가 먹고 싶은 것이다. (garlic spaghetti, what, have)

➡ _____

Focus 38 관계대명사의 생략과 계속적 용법

That is the cap (**that**) Tony likes most, **which** I lost.

그것은 Tony가 가장 좋아하는 모자인데 내가 잃어버렸다.

- 목적격으로 쓰인 관계대명사 who, which, that은 생략할 수 있다.
- 〈주격 관계대명사＋be동사＋분사구〉에서 〈주격 관계대명사＋be동사〉는 생략할 수 있다.
  e.g. I know the girl (**who is**) standing in front of the store. (나는 가게 앞에 서 있는 여자아이를 안다.)
- 관계대명사의 계속적 용법은 선행사를 추가적으로 설명할 때 쓰이며, 관계대명사 앞에 콤마(,)를 쓴다. 계속적 용법으로 쓰인 관계대명사는 〈접속사＋대명사〉로 바꿔 쓸 수 있다. 접속사는 문맥에 따라 and, but, for 등으로 쓴다. 선행사가 앞문장 전체일 때는 which로 쓴다.
  e.g. Tony gave me this cap, **which** I lost. (선행사가 사물일 때)
  → Tony gave me this cap, **but** I lost **it**.
     (Tony가 내게 이 모자를 주었는데, 그것을 잃어버렸다.)
  Paul was late for the class, **which** made everybody upset. (선행사가 앞문장 전체일 때)
  → Paul was late for the class, **and it** made everybody upset.
     (Paul은 수업에 지각했는데, 그것이 모두를 화나게 했다.)

*관계대명사 that은 계속적 용법으로 쓸 수 없다.

계속적 용법의 관계대명사	
선행사가 사람일 때	who
선행사가 사물/동물일 때	which
선행사가 앞문장 전체일 때	which

Quick Check Up

[정답 p. 16]

A 다음 문장에서 생략할 수 있는 부분에 괄호를 치시오.

1 This is the best book that I've ever read.

2 Look at the mountain which is covered with snow.

3 The woman who you helped was Jenny's mom.

B 우리말과 일치하도록 괄호 안에서 알맞은 말을 고르시오.

1 나는 엄마에게 선물을 드렸는데, 그것은 그녀를 기쁘게 했다.
   ➡ I gave my mom a gift, (that / which) made her happy.

2 Fred는 한 중국 배우를 좋아하는데, 그 배우는 홍콩에 산다.
   ➡ Fred likes a Chinese actor, (who / which) lives in Hong Kong.

3 Jenny를 기다리고 있던 남자아이는 화가 난 것 같았다.
   ➡ The boy (who / who was) waiting for Jenny looked upset.

A _ 문장 전환 두 문장이 같은 뜻이 되도록 빈칸에 알맞은 말을 쓰시오.

1 The bike doesn't have a light. We rented it.

⇒ The bike _____ _____ doesn't have a light.

2 Ben is a student. He is taking a cooking class.

⇒ Ben is a student _____ _____ _____ _____.

3 Sora won first prize in the contest, and it was surprising.

⇒ Sora won first prize in the contest, _____ was surprising.

4 Lisa is talking to Mike. He is a friend of mine.

⇒ Lisa is talking to Mike, _____ is a friend of mine.

B _ 순서 배열 우리말과 일치하도록 주어진 말을 바르게 배열하시오.

1 당신은 우리가 찾고 있었던 바로 그 사람입니다.
(the very person / looking for / you / we've / are / been)

⇒ _____

2 나는 그 요리사에 의해 만들어진 음식을 좋아한다. (the food / the chef / I / made / like / by)

⇒ _____

3 소라는 목도리를 잃어버렸는데, 그것은 그녀의 아빠가 주신 선물이었다.
(which / Sora / her scarf / from her dad / lost / a gift / was)

⇒ _____

C _ 영작 우리말과 일치하도록 주어진 말을 이용하여 우리말로 옮기시오.

1 내 마음에 드는 물건은 언제나 비싸다. (the things, like, always, expensive)

⇒ _____

2 제 이름으로 예약된 테이블이 있는지 확인할 수 있나요? (can, confirm, if, there, book, under)

⇒ _____

3 Sam은 이모가 한 분 계시는데, 그 분은 유명한 예술가이다. (aunt, a famous artist)

⇒ _____

빈출 유형

A 주어진 관계대명사를 사용하여 두 문장을 한 문장으로 바꿔 쓰시오.

1 Jack is the only one. He can fix the computer. (that)

➡ Jack _____.

2 You have something in mind. I don't know that. (what)

➡ I _____.

3 Jane loves to wear the cap. I gave it to her. (that)

➡ Jane _____.

4 These are the glasses. The actress was wearing them in that drama. (that)

➡ These _____.

5 He worried about something. It was his uncertain future. (what)

➡ _____ his uncertain future.

B 밑줄 친 우리말을 주어진 말과 관계대명사를 이용하여 영어로 옮기시오.

1 Ann은 혼자서 태평양을 항해했는데, 그것이 우리를 놀라게 했다. (surprise)

➡ Ann sailed the Pacific Ocean alone, _____.

2 그 동영상은 우리에게 그것을 어떻게 하는지 보여주었는데, 그것은 내게 쉬웠다. (easy, understand)

➡ The video clip showed us how to do it, _____.

3 Sarah는 그녀의 친구에게 카드를 보냈는데, 그 친구는 런던에 산다. (live in London)

➡ Sarah sent a card to her friend, _____.

4 우리는 콘서트에 서둘러 갔는데, 그것은 다른 도시에 있었다. (be, another city)

➡ We hurried to the concert, _____.

5 그는 형이 두 명 있는데, 그들은 포항에서 공부하고 있다. (study, in Pohang)

➡ He has two brothers, _____.

C 생략된 말을 넣어 문장을 다시 쓰시오.

1 I got a T-shirt I ordered through an online mall.

➡ _____

2 The teacher standing over there teaches us history.

➡ _____

3 The girl you met used to work at the restaurant.

➡ _____

4 We saw some teenagers doing volunteer work on the street.

➡ _____

5 The musical she saw will end this week.

➡ _____

Real Test

대화를 읽고 관계대명사를 이용하여 문장을 완성하시오.

1
A: What did you do last weekend, Mia?
B: I saw a movie with my friends at home.
A: Oh, how was it?
B: It was so horrible.

Last weekend, Mia and her friends saw a movie, _____ .

2
A: What do you want to have for lunch?
B: How about Thai noodles?
A: That's a good idea. There is a Thai restaurant near here.
B: I also know the restaurant. It is famous for its Thai noodles.

The restaurant _____ is famous for its Thai noodles.

Focus 39 관계부사 when, where

Do you know the place **where** you were born?

너는 네가 태어난 곳을 아니?

- 관계부사는 접속사와 부사 역할을 하며, 시간, 장소, 이유, 방법을 나타내는 선행사를 꾸며준다.
- 관계부사의 종류는 when, where, why, how가 있으며, 〈전치사＋관계대명사〉로 바꿔 쓸 수 있다.
- 관계부사 when은 선행사가 시간일 때, 관계부사 where는 선행사가 장소일 때 쓴다.

  e.g. Do you know **the place**? You were born **in the place**.
  → Do you know **the place** which you were born **in**?
  → Do you know **the place** in which[where] you were born?
  You should remember **the day**. We met on **the day**.
  → You should remember **the day** which we met **on**. (너는 우리가 만났던 날을 기억해야 한다.)
  → You should remember **the day** on which[when] we met.

선행사	관계부사	전치사＋관계대명사
the time, the day, the year 등 시간을 나타낼 때	when	in/at/on which
the place, the house 등 장소를 나타낼 때	where	in/at/on which

*관계부사가 꾸며주는 선행사가 일반적인 시간, 장소를 나타낼 때는 선행사나 관계부사 중 하나를 생략할 수 있다.

Quick Check Up

[정답 p. 17]

우리말과 일치하도록 괄호 안에서 알맞은 말을 고르시오.

1 Jack이 머물렀던 호텔은 전망이 좋았다.

➡ The hotel (when / where) Jack stayed had a great view.

2 나는 너를 처음 만난 날이 기억나지 않는다.

➡ I don't remember the day (when / where) I met you for the first time.

3 Linda는 전에 살았던 도시에 갔다.

➡ Linda went to the city (where / which) she used to live in.

4 지금은 우리가 축제를 위해 열심히 일해야 할 때이다.

➡ Now is the time (when / where) we should work hard for the festival.

5 우리는 우리가 머물렀던 곳을 잊지 않을 것이다.

➡ We won't forget (when / where) we stayed.

A _ 문장 완성 다음 문장들이 같은 뜻이 되도록 빈칸에 알맞은 말을 쓰시오.

1 March is the month. Most schools begin in that month.

➡ March is the month _____ most schools begin in.

➡ March is the month _____ _____ most schools begin.

➡ March is the month _____ most schools begin.

2 This is the lake. Fred took many pictures at this lake.

➡ This is the lake _____ Fred took many pictures at.

➡ This is the lake _____ _____ Fred took many pictures.

➡ This is the lake _____ Fred took many pictures.

B _ 순서 배열 우리말과 일치하도록 주어진 말을 바르게 배열하시오.

1 이 교회는 모차르트가 묻힌 곳이다. (where / this church / buried / the place / was / is / Mozart)

➡ _____

2 너는 Ben이 입원했던 곳을 아니? (know / Ben / hospitalized / do / was / you / where)

➡ _____

3 2020년은 나의 부모님이 60세가 되시는 해이다.
(2020 / my parents / 60 years old / is / when / turn / the year)

➡ _____

C _ 영작 우리말과 일치하도록 주어진 말과 관계부사를 이용하여 영어로 옮기시오.

1 승무원은 비행기가 착륙하는 시간을 안내했다. (the flight attendant, announce, land)

➡ _____

2 내가 저녁을 먹으러 자주 가는 식당이 다른 도시로 이사 갔다. (often, go, have, move to)

➡ _____

3 이번 주는 우리가 중간고사를 보는 때이다. (take, mid-term exams)

➡ _____

Focus 40 관계부사 why, how

Tell me the reason **why** you are crying.

네가 울고 있는 이유를 내게 말해 줘.

- 관계부사 why는 선행사가 이유를 나타낼 때, 관계부사 how는 선행사가 방법을 나타낼 때 쓴다.

  e.g. Tell me **the reason**. You are crying **for that reason**.
  → Tell me **the reason for which** you are crying.
  → Tell me **the reason why** you are crying.
  This is **the way**. Mina solved the problem **in this way**.
  → This is **the way in which** Mina solved the problem.
    (이것이 미나가 그 문제를 푼 방법이다.)
  → This is **the way** Mina solved the problem.
  → This is **how** Mina solved the problem.

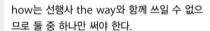

> **Note**
> how는 선행사 the way와 함께 쓰일 수 없으므로 둘 중 하나만 써야 한다.
> *e.g.* This is **the way how** Mina solve the problem. (✕)

- 관계부사가 꾸며주는 선행사가 일반적인 이유, 방법을 나타낼 때는 선행사나 관계부사 중 하나를 생략할 수 있다.

선행사	관계부사	전치사+관계대명사
the reason 등 이유를 나타낼 때	why	for which
the way 등 방법을 나타낼 때	how	in which

Quick Check Up

[정답 p. 17]

우리말과 일치하도록 괄호 안에서 알맞은 말을 고르시오.

1 그 앱을 어떻게 사용하는지 알려주세요.

➡ Please show me (the way / the way how) I can use the app.

2 그들은 그가 그렇게 말하는 이유를 몰랐다.

➡ They didn't know (which / why) he said that.

3 나는 Henry가 옷을 입는 방식이 좋다.

➡ I like the way (how / in which) Henry wears his clothes.

4 엄마는 나에게 학교에 일찍 가야 하는 이유를 물었다.

➡ Mom asked me the reason (why / how) I had to go to school early.

5 네가 나쁜 성적을 받은 이유가 있니?

➡ Do you have any reason for (which / why) you got bad grades?

A _ 문장 완성 다음 문장들이 같은 뜻이 되도록 빈칸에 알맞은 말을 쓰시오.

1 The reason why I got upset was because of her endless excuses.

➡ The reason _____ _____ I got upset was because of her endless excuses.

➡ _____ _____ I got upset was because of her endless excuses.

2 By ferry boat is the way in which we enter the island.

➡ By ferry boat is _____ we enter the island.

➡ By ferry boat is _____ _____ we enter the island.

B _ 순서 배열 우리말과 일치하도록 주어진 말을 바르게 배열하시오.

1 나는 우리가 열심히 공부해야 하는 이유를 모르겠다.
(know / we / I / don't / should / hard / why / study)

➡ _____

2 너는 그 직업을 갖고 싶은 이유를 설명할 수 있니?
(why / can / the job / you / you / want / explain / to get)

➡ _____

3 그가 사업에서 성공한 방법은 알려지지 않았다.
(in business / he / the way / was / succeeded / unknown)

➡ _____

C _ 영작 우리말과 일치하도록 주어진 말과 관계부사를 이용하여 영어로 옮기시오.

1 그가 학교에 지각한 이유는 명확하지 않았다. (absent from school, clear, the reason)

➡ _____

2 이 책은 당신이 케이크와 쿠키를 만드는 방법을 알려준다. (show, bake)

➡ _____

3 아빠는 치과 의사에게 이가 아픈 이유를 물었다. (the dentist, have a toothache, the reason)

➡ _____

A 두 문장이 같은 뜻이 되도록 관계부사를 이용하여 문장을 완성하시오.

1 I'd like to visit the place in which our house is being built.

➡ I'd like to visit the place _____ .

2 Mina wants to know the way in which Sora got the ticket.

➡ Mina wants to know _____ .

3 Everybody knows the reason for which we recycle things.

➡ Everybody knows the reason _____ .

4 Yesterday was the last day on which you could apply for the job.

➡ Yesterday was the last day _____ .

5 That's the garden in which we grow vegetables for our kitchen.

➡ That's the garden _____ .

빈출 유형

B 우리말과 일치하도록 주어진 말과 관계부사를 이용하여 영어로 옮기시오.

1 나는 Jenny가 거기에 간 이유를 모르겠다. (go, there)

➡ I didn't know _____ .

2 이것이 우리가 그 문을 여는 방법이다. (open, the door)

➡ This is _____ .

3 그가 집에 도착한 시간은 자정이었다. (arrive, home)

➡ Midnight was the time _____ .

4 여기는 Jenny가 공부하러 자주 오는 도서관이다. (come, often)

➡ This is the library _____ .

5 너는 Danny가 왜 지금 서두르고 있는지 아니? (hurry, now)

➡ Do you know the reason _____ ?

C 어법상 <u>틀린</u> 부분을 바르게 고쳐서 문장을 다시 쓰시오.

1 I want to know the way how the rumor spread.

➡ _____

2 March 2nd is the day which our school starts.

➡ _____

3 There are some reasons at which he can't accept your proposal.

➡ _____

4 Can you show me the way which you cooked the food?

➡ _____

5 Don't forget the time when we meet at that time.

➡ _____

Real Test

대화를 읽고 관계부사를 이용하여 문장을 완성하시오. (선행사를 반드시 쓸 것)

1
> A: Look at the bag! How nice!
> B: Yeah. I like the color. How much is it?
> A: I'll check the price tag. Wow! It's so expensive.
> B: I think so. We can't buy it for that price.

➡ The high price of the bag is _____ they are shocked.

2
> A: How about going to the movies this weekend?
> B: Great! I'd like to watch "Mission Impossible 6."
> A: Okay. Let's meet at 1:30 at the cinema.
> B: That's good for me.

➡ One-thirty is _____ they are going to meet.

➡ The cinema is _____ they are going to meet.

Focus 41 시간, 이유, 목적을 나타내는 접속사

As soon as I arrived home, it began to rain outside.

내가 집에 도착하자마자 밖에 비가 내리기 시작했다.

- 시간을 나타내는 접속사에는 when, as, since, while, before, after, as soon as, until 등이 있다.
- 이유나 목적을 나타내는 접속사에는 because, as, since, so that 등이 있다.
- as와 since는 시간과 이유를 나타내는 접속사이므로 문맥에 따라 해석해야 한다.

  e.g. **As** I already saw the movie, I could write a review. 이유 (나는 그 영화를 이미 봐서 감상평을 쓸 수 있었다.)
  As he is studying, he is listening to music. 시간 (그는 공부하면서 음악을 듣는다.)

- because 다음에는 절(주어+동사)이 오고, because of 다음에는 구가 온다.

  e.g. The traffic was terrible **because** there was an accident.
  The traffic was terrible **because of** an accident. (사고 때문에 교통은 끔찍했다.)

시간을 나타내는 접속사	when(~할 때), as(~할 때, ~하면서), since(~한 이래로), while(~하는 동안), before(~ 전에), after(~ 후에), as soon as(~하자마자), until(~ 때까지)
이유를 나타내는 접속사	because, as, since(~ 때문에)
목적을 나타내는 접속사	so that(~하도록)

Quick Check Up

[정답 p. 18]

우리말과 일치하도록 괄호 안에서 알맞은 말을 고르시오.

1 Sam은 내가 돌아올 때까지 저녁을 먹지 않고 기다렸다.

➡ Sam waited for me without having dinner (until / when) I came back.

2 그 개는 Ann을 보자마자 짖기 시작했다.

➡ The dog began barking (as soon as / so that) it saw Ann.

3 너는 15세 미만이므로 그 드라마를 볼 수 없다.

➡ (As / When) you are under fifteen, you can't watch the drama.

4 내 남동생은 그것을 사기 위해 돈을 모으고 있다.

➡ My brother is saving money (so that / while) he can buy it.

5 Sophia는 여기에 온 이래로 머리가 계속 아팠다.

➡ Sophia has had a headache (because / since) she came here.

A_문장 완성 우리말과 일치하도록 빈칸에 알맞은 접속사를 쓰시오.

1 그녀는 TV를 보면서 운동을 하고 있었다.

➡ She was exercising _____ she was watching TV.

2 너는 그 책을 다 읽을 때까지 손에서 놓을 수 없을 거야.

➡ You won't be able to put down the book _____ you finish reading it.

3 우리는 쇼핑을 하러 가기 전에 점심을 먹기로 했다.

➡ We decided to have lunch _____ we go shopping.

4 응급차가 지나갈 수 있도록 차들이 길을 비켰다.

➡ Cars cleared the way _____ _____ the ambulance could pass through.

B_순서 배열 우리말과 일치하도록 주어진 말을 바르게 배열하시오.

1 소라는 배가 고플 때 잠을 잘 못 잔다. (Sora / when / hungry / sleep / she / well / can't / is)

➡ _____

2 우리는 젊기 때문에 많은 꿈을 꿀 수 있다.
(we / we / dreams / are / have / as / young / a lot of / can)

➡ _____

3 Paul은 대구에 살았기 때문에 그곳에 대해 잘 안다.
(Paul / he / Daegu / there / used to / knows / because / well / live)

➡ _____

C_영작 우리말과 일치하도록 주어진 말과 접속사를 이용하여 영어로 옮기시오.

1 날씨가 추워짐에 따라 사람들은 두꺼운 코트를 입기 시작했다.
(the weather, become, begin, thick coats)

➡ _____

2 그는 일찍 출발했기 때문에 거기에 일찍 도착할 수 있었다. (arrive, leave, early)

➡ _____

3 그 가수는 인기를 얻은 후에 매우 바빠졌다. (get, so, busy, become, popular)

➡ _____

Focus 42 조건, 양보를 나타내는 접속사

Unless you save money, you can't buy it.

네가 돈을 모으지 않으면 그것을 살 수 없다.

- 조건을 나타내는 접속사에는 if, unless 등이 있다. unless는 if ～ not을 뜻한다.
  e.g. **Unless** you save money, you can't buy it. = **If** you **don't** save money, you can't buy it.

- 양보를 나타내는 접속사에는 although, though, even though, whereas 등이 있다.
  e.g. **Although** he was born in Busan, he didn't grow up there. (그는 비록 부산에서 태어났지만 거기에서 자라지 않았다.)

- 시간이나 조건을 나타내는 부사절에서는 현재시제를 사용하여 미래시제를 나타낸다.
  e.g. **When** he arrives, we will start. (그가 도착하면 우리는 시작할 것이다.)
  → If he will come, we will start. (✕)

- 접속사 although, though, even though 다음에는 절(주어＋동사)이 오고, 전치사 despite 다음에는 구가 온다.
  e.g. **Although** <u>the weather was bad</u>, we had to go outside. (비록 날씨가 나빴지만 우리는 외출해야 했다.)
  Despite <u>the bad weather</u>, we had to go outside.

조건을 나타내는 접속사	if(만약 ～한다면), unless(만약 ～하지 않는다면)
양보를 나타내는 접속사	although/though/even though(비록 ～할지라도), whereas(～ 반면)

Quick Check Up

[정답 p. 18]

우리말과 일치하도록 괄호 안에서 알맞은 말을 고르시오.

1 비가 계속 내리면 그 행사는 취소될 것이다.

   ⇒ The event will be canceled (if / unless) it continues to rain.

2 비록 그는 피곤했지만 숙제를 끝냈다.

   ⇒ (Although / Whereas) he was tired, he finished his homework.

3 네가 싫지 않으면 나는 그 계획대로 하고 싶다.

   ⇒ (If / Unless) you hate it, I want to do it according to the plan.

4 엄마는 채소를 좋아하시는 반면 아빠는 고기를 좋아하신다.

   ⇒ Mom likes vegetables, (even though / whereas) Dad likes meat.

5 그녀는 비록 아팠지만 열심히 일했다.

   ⇒ (Although / Despite) her illness, she worked hard.

A _ 문장 완성 **우리말과 일치하도록 빈칸에 알맞은 접속사를 쓰시오.**

1 너는 약속에 늦으면 벌금을 내야 한다.

➡ You should pay a fine _____ you are late for the appointment.

2 Joe가 우리 팀에 합류하지 않으면 우리는 그 게임을 할 수 없다.

➡ _____ Joe joins our team, we can't play the game.

3 그의 연설은 비록 짧았지만 강렬했다.

➡ _____ _____ his speech was short, it was intense.

4 지중해는 따뜻한 반면, 북해는 매우 춥다.

➡ The Mediterranean Sea is warm, _____ the North Sea is really cold.

B _ 순서 배열 **우리말과 일치하도록 주어진 말을 바르게 배열하시오.**

1 네가 무언가를 할 시도를 하지 않으면 아무 일도 일어나지 않을 것이다.
(you / happen / unless / try / nothing / something / will / doing)

➡ _____

2 비록 어두웠지만 우리는 불을 켜지 않았다.
(dark / turn on / it / although / we / was / didn't / the light)

➡ _____

3 그 배우는 얼굴이 잘 생기지는 않았지만 연기를 정말 잘한다.
(his acting / isn't / is / the actor / great / handsome / even though)

➡ _____

C _ 영작 **우리말과 일치하도록 주어진 말을 이용하여 영어로 옮기시오.**

1 책상에서 바르게 앉지 않으면 허리가 아플 것이다. (if, properly, at your desk, hurt, back)

➡ _____

2 나는 버스를 타고 학교에 가는 반면, Sally는 걸어서 학교에 간다. (ride, to school, whereas, walk)

➡ _____

3 네가 이것을 원하지 않으면 다른 것을 선택해도 된다. (choose, something, else, unless, may)

➡ _____

A 우리말과 일치하도록 빈칸에 알맞은 접속사를 쓰시오.

1 나는 아팠을 때 병원에 갔다.

➡ _____ I felt sick, I went to see a doctor.

2 나는 아팠지만, 병원에 가지 않았다.

➡ _____ I felt sick, I didn't go to see a doctor.

3 너의 여동생이 너무 어리면, 그것을 탈 수 없다.

➡ _____ your sister is too young, she can't ride it.

4 너의 여동생은 너무 어려서 많은 것에서 도움이 필요하다.

➡ _____ your sister is too young, she needs help with many things.

5 우리는 해가 질 때까지 해변에 있었다.

➡ We were at the beach _____ the sun set.

6 우리는 해가 진 후에 해변을 떠났다.

➡ We left the beach _____ the sun set.

B 밑줄 친 부분을 우리말로 옮기시오.

1 Dan has been writing an email <u>since he got up in the morning.</u>

➡ Dan은 _____ 이메일 한 통을 쓰는 중이다.

2 We didn't like him <u>since he told us a lie.</u>

➡ 우리는 _____ 그를 좋아하지 않았다.

3 <u>As the weather was fine</u>, they went on a picnic.

➡ _____ 그들은 소풍을 갔다.

4 <u>As I was waiting for you</u>, I watched a boy singing on the street.

➡ _____ 나는 한 소년이 길에서 노래하는 것을 보았다.

C 우리말과 일치하도록 주어진 말과 [보기]의 접속사를 골라 영어로 옮기시오.

> [보기]   while   whereas   so that   unless

1 관중들은 비에 젖지 않도록 우비를 입고 응원했다. (would, get wet)

⮕ The spectators cheered with raincoats on _____.

2 Lisa는 모자 쓰는 것을 좋아하는 반면, 나는 선글라스 쓰는 것을 좋아한다. (wear, sunglasses)

⮕ Lisa likes wearing a cap, _____.

3 네가 나를 믿지 않는 한 나는 너에게 어떤 것도 말할 수 없다. (trust)

⮕ _____, I can't tell you anything.

4 Brian은 외국 여행을 하고 있는 동안 지갑을 잃어버렸다. (travel, abroad)

⮕ Brian lost his wallet _____.

Real Test

다음 글을 읽고 문맥상 틀린 접속사를 2개 찾아서 바르게 고치시오.

1

It snowed a lot last night. Because the road was slippery, Mom had to drive her car. She drove carefully as soon as she didn't have an accident. Although there was a terrible traffic jam, she arrived safely at work.

_____ ⮕ _____

_____ ⮕ _____

2

Today, since I was about to leave the house, I realized the door was broken. I didn't know what to do until Mr. Brown next door came out of his house. He is good at fixing things. Because he was busy, he helped me fix the door. I thanked him for his help.

_____ ⮕ _____

_____ ⮕ _____

가정법 과거

If I **were** you, I **would choose** this one.

만약 내가 너라면 나는 이것을 선택할 텐데.

- 가정법 과거는 현재 사실과 반대되거나 실현 가능성이 없는 일을 가정하여 말할 때 쓴다. 가정법 과거는 직설법 현재로 바꿔 쓸 수 있다.

  e.g. If it **weren't** rainy, he **could come**. 가정법 과거 (현재 사실과 반대)

    (비가 오지 않는다면 그는 올 수 있을 텐데.)

    → Because it **is** rainy, he **can't come**. 직설법 (현재)

    (비가 와서 그는 올 수 없다.)

- 조건절에 be동사가 쓰이면 주어의 수와 상관없이 were가 쓰인다.

가정법 과거	조건절	주절
만약 ~라면, …할 텐데 (현재 사실과 반대)	If＋주어＋동사의 과거형/were ~	주어＋would/could/might＋동사원형 …

Quick Check Up

[정답 p. 18]

우리말과 일치하도록 괄호 안에서 알맞은 말을 고르시오.

1 숙제가 있으면 우리는 놀 시간이 없을 텐데.

→ If we (have / had) homework, we wouldn't have time to play.

2 내가 너라면 그녀와 싸우지 않을 텐데.

→ If I (was / were) you, I would not fight with her.

3 네가 여기에 온다면 좋은 시간을 보낼 텐데.

→ If you came here, you (may / might) have a good time.

4 그녀가 바쁘지 않으면 나를 도와줄 텐데.

→ If she weren't busy, she (will / would) help me.

5 내가 제주도에 살면 매일 한라산을 매일 오를 텐데.

→ If I (live / lived) on Jeju Island, I would climb Halla mountain every day.

A _ 문장 전환 **두 문장이 같은 뜻이 되도록 빈칸에 알맞은 말을 쓰시오.**

1 As I don't have a brother, I feel lonely.

➡ If I _____ a brother, I _____ _____ _____ lonely.

2 As he doesn't know the answer, he can't finish the riddle.

➡ If he _____ the answer, he _____ _____ the riddle.

3 As you like him, you will meet him.

➡ If you _____ _____ him, you wouldn't meet him.

B _ 순서 배열 **우리말과 일치하도록 주어진 말을 바르게 배열하시오.**

1 비가 오지 않으면 우리는 현장 학습을 갈 수 있을 텐데.
(if / we / wasn't / a field trip / it / go on / raining / could)

➡ _____

2 내가 그의 전화번호를 알면 지금 당장 그에게 전화를 할 텐데.
(knew / would / him / I / right now / I / his phone number / if / call)

➡ _____

3 너는 집에 있으면 낮잠을 잘 텐데. (take a nap / were / if / would / at home / you / you)

➡ _____

C _ 영작 **우리말과 일치하도록 주어진 말을 이용하여 문장을 완성하시오.**

1 내가 뉴욕에 있다면 브로드웨이에서 쇼를 볼 텐데. (will, watch a show, on Broadway)

➡ _____

2 네가 나의 집 근처에 산다면 우리는 좀 더 자주 만날 수 있을 텐데. (near, can, meet, more often)

➡ _____

3 그 아이가 우는 것을 멈추면 나는 잠을 잘 잘 수 있을 텐데. (the baby, stop, cry, can, sleep, well)

➡ _____

Focus 44 가정법 과거완료

If you **had come** here, you **would have regretted** it.
네가 여기 왔더라면 너는 후회했을 텐데.

- 가정법 과거완료는 과거 사실과 반대되는 일을 가정하여 말할 때 쓴다. 가정법 과거완료는 직설법 과거로 바꿔 쓸 수도 있다.
  - *e.g.* If you **had arrived** earlier, you **could have met** him. 가정법 과거완료 (과거 사실과 반대)
    - (네가 더 일찍 도착했더라면 그를 만날 수 있었을 텐데.)
    - → As you **didn't arrive** earlier, you **couldn't meet** him. 직설법 (과거)
      - (너는 더 일찍 도착하지 않았기 때문에 그를 만날 수 없었다.)

가정법 과거완료	조건절	주절
만약 ~였다면, …했을 텐데 (과거 사실과 반대)	If+주어+had+과거분사 ~	주어+would/could/might+have+과거분사 …

Quick Check Up　　　　　　　　　　　　　　　　　　　　　　　　　　　　[정답 p. 19]

우리말과 일치하도록 괄호 안에서 알맞은 말을 고르시오.

1 네가 늦지 않았다면 너는 버스를 놓치지 않았을 텐데.

⇒ If you (haven't / hadn't) been late, you wouldn't have missed the bus.

2 내가 돈을 충분히 가지고 있었다면 그 노트북 컴퓨터를 살 수 있었을 텐데.

⇒ If I (had / had had) enough money, I could have bought the laptop computer.

3 그가 나에게 사과했다면 나는 그를 용서했을 텐데.

⇒ If he had apologized to me, I would (forgive / have forgiven) him.

4 우리가 그 파티에 초대되었다면 행복했을 텐데.

⇒ If we had (invited / been invited) to the party, we would have been happy.

5 그 팀이 서로 도왔다면 그들은 그 경기를 이겼을 텐데.

⇒ If the players had helped each other, they could (win / have won) the game.

A _ 문장 전환 두 문장이 같은 뜻이 되도록 빈칸에 알맞은 말을 쓰시오.

1 As we didn't have enough time, we took a taxi.

⇒ If we _____ _____ enough time, we would _____ _____

_____ a taxi.

2 As I didn't feel tired, I went shopping.

⇒ If I _____ _____ tired, I _____ _____ _____ shopping.

3 As he was not an adult, he couldn't watch the movie.

⇒ If he _____ _____ an adult, he _____ _____ _____ the movie.

B _ 순서 배열 우리말과 일치하도록 주어진 말을 바르게 배열하시오.

1 나의 부모님이 가도록 허락하셨다면 나는 그 콘서트에 갈 수 있었을 텐데.
(allowed / gone / if / have / to go / to the concert / my parents / I / had / could / me)

⇒ _____

2 그녀가 계단에서 넘어지지 않았다면 그녀는 무릎을 다치지 않았을 텐데.
(she / she / her knees / hadn't / might / fallen off / hurt / have / if / not / the stairs)

⇒ _____

3 네가 나를 놀리지 않았다면 나는 너를 싫어하지 않았을 텐데.
(hadn't / wouldn't / you / me / if / laughed at / hated / have / I / you)

⇒ _____

C _ 영작 우리말과 일치하도록 주어진 말을 이용하여 문장을 완성하시오.

1 내가 옷을 따뜻하게 입었다면 감기에 걸리지 않았을 텐데. (dress, warmly, might, catch a cold)

⇒ _____

2 그들이 그 문제를 알았다면 그 문제를 빨리 해결했을 텐데. (the problem, can, solve, quickly)

⇒ _____

3 그 가수가 다리를 다치지 않았다면 그는 콘서트를 취소하지 않았을 텐데. (hurt, leg, will, cancel)

⇒ _____

A 우리말과 일치하도록 어법상 <u>틀린</u> 부분을 바르게 고쳐서 문장을 다시 쓰시오.

1 내가 너라면 나는 너의 언니의 조언을 따를 텐데.
If I was you, I would follow your sister's advice.

➡ _____

2 네가 그 책을 읽었더라면 너는 내가 하는 말을 이해할 수 있었을 텐데.
If you had read the book, you could understand what I said.

➡ _____

3 태풍이 없었다면 모든 비행기가 지연되지 않았을 텐데.
If there had not been the storm, all the flights wouldn't be delayed.

➡ _____

4 그 바지가 그렇게 비싸지 않다면 나는 그것을 살 텐데.
If the pants were so expensive, I would buy them.

➡ _____

B 우리말과 같은 뜻이 되도록 주어진 말을 이용하여 영어로 옮기시오.

1 그가 우산을 가져오지 않았다면 그는 비에 젖었을 텐데. (bring, an umbrella)

➡ If he _____, he might have gotten wet.

2 그가 진실을 말하면 나는 그를 믿을 텐데. (will, trust)

➡ If he told the truth, I _____.

3 내가 개를 기른다면 정말로 행복할 텐데. (be, happy)

➡ If I had a dog, _____.

4 내가 너와 시간을 좀 더 많이 보냈다면 나는 너를 더 알았을 텐데. (can, know)

➡ If I had spent more time with you, I _____ more.

5 그 집이 그렇게 오래되지 않았다면 우리는 그것을 다시 짓기로 결정하지 않았을 텐데. (will, decide, rebuild)

➡ If the house hadn't been so old, we _____.

고난도

C 주어진 조동사를 사용하여 직설법 문장을 가정법 문장으로 바꿔 쓰시오.

1 As you know the answer, you can go to the next step.

➡ If _____. (could)

2 As I didn't fix my computer, I couldn't use it for the work.

➡ If _____. (could)

3 As the train was broken, we had to transfer to the other train.

➡ If _____. (would)

4 As I am so busy, I can't play with you.

➡ If _____. (could)

5 As I was not good at math, I made many mistakes on the exam.

➡ If _____. (would)

Real Test

그림을 보고 문장에서 알맞은 표현을 찾아 가정법 문장을 완성하시오.

1

I'm not good at singing.

If I could be born again, I _____.

2

We took bad seats with a bad view of the stage.

If I had not been late, we _____.

3

I share the room with my brother, but he never cleans our room.

If I had my own room, it _____.

Focus 45 as if 가정법

He acts **as if** he **were** my brother.

그는 마치 나의 형처럼 행동한다.

- as if 가정법은 실제로는 그렇지 않지만 그런 것처럼 가정할 때 쓰며, 〈as if+가정법 과거〉나 〈as if+가정법 과거완료〉 형태로 쓴다.

  e.g. He <u>acts</u> **as if** he **were** my brother. 〈as if+가정법 과거〉

    (그는 마치 나의 형처럼 행동한다.)

    → In fact, he **isn't** my brother.

    Kate <u>talks</u> **as if** she **had known** me well. 〈as if+가정법 과거완료〉

    (Kate는 마치 나를 잘 알았던 것처럼 말한다.)

    → In fact, she **didn't know** me well.

- 주절의 시제가 현재면 현재의 일을, 주절의 시제가 과거이면 과거의 일에 대한 가정을 나타낸다.

  e.g. He <u>acted</u> **as if** he **were** my brother. (그는 마치 나의 형처럼 행동했다.)

    → In fact, he **wasn't** my brother.

    Kate <u>talked</u> **as if** she **had known** me well. (Kate는 마치 나를 잘 알았던 것처럼 말했다.)

    → In fact, she **hadn't known** me well.

as if 가정법 과거	as if+주어+동사의 과거형/were	(현재) 마치 ~인[하는] 것처럼
as if 가정법 과거완료	as if+주어+had+과거분사	(과거) 마치 ~였던[했던] 것처럼

Quick Check Up

[정답 p. 20]

우리말과 일치하도록 괄호 안에서 알맞은 말을 고르시오.

1 그는 마치 모든 것을 알았던 것처럼 말한다.

➡ He talks as if he (knew / had known) everything.

2 Joan은 마치 나의 집에 사는 것처럼 행동했다.

➡ Joan acted as if she (lived / had lived) in my house.

3 나의 부모님은 나를 마치 어린아이인 것처럼 취급하신다.

➡ My parents treat me as if I (were / have been) a child.

4 너는 마치 한 끼도 못 먹었던 사람처럼 보인다.

➡ You look as if you (didn't have / hadn't had) a single meal.

A_빈칸 완성 밑줄 친 우리말과 일치하도록 빈칸에 알맞은 말을 쓰시오.

1 그는 <u>마치 아픈 것처럼</u> 행동한다.

➡ He acts _____ _____ _____ _____ sick.

2 그는 <u>마치 아팠던 것처럼</u> 행동한다.

➡ He acts _____ _____ _____ _____ _____ sick.

3 Dana는 <u>마치 미국에 살지 않는 것처럼</u> 말했다.

➡ Dana spoke _____ _____ _____ _____ _____ in the U.S.

4 Dana는 <u>마치 미국에 살지 않았던 것처럼</u> 말했다.

➡ Dana spoke _____ _____ _____ _____ _____ in the U.S.

B_문장 전환 의미가 통하도록 주어진 말로 시작하는 문장으로 바꿔 쓰시오.

1 In fact, Mina didn't watch the movie.

➡ Mina talked as if _____.

2 In fact, you are not an adult.

➡ You act as if _____.

3 In fact, he didn't get a good score.

➡ He speaks as if _____.

C_영작 우리말과 일치하도록 주어진 말과 as if를 이용하여 영어로 옮기시오.

1 그녀는 마치 피곤하지 않은 것처럼 달렸다. (run, tired)

➡ _____

2 그는 여러 날 동안 마치 아무것도 먹지 않았던 것처럼 먹었다. (eat, have, nothing, for days)

➡ _____

3 그 남자는 마치 그 답을 아는 것처럼 말한다. (talk, know, the answer)

➡ _____

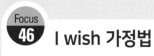

I wish 가정법

I wish you **were** here now.

네가 여기 있으면 좋을 텐데.

- I wish 가정법은 이루기 힘든 일을 소망하거나 실현되지 않은 일에 대한 유감, 아쉬움을 나타낼 때 쓴다. 〈I wish+가정법 과거〉와 〈I wish+가정법 과거완료〉 형태로 쓴다.

  e.g. **I wish** you **were** here now. 〈I wish+가정법 과거〉
  (네가 여기에 있으면 좋았을 텐데.)
  → I'm sorry you **are** not here now.
  I wish you **had been** here. 〈I wish+가정법 과거완료〉
  (네가 여기에 있었다면 좋았을 텐데)
  → I'm sorry you **were** not here.

I wish 가정법 과거	I wish+주어+동사의 과거형/were	(현재) ~라면[한다면] 좋을 텐데
I wish 가정법 과거완료	I wish+주어+had+과거분사	(과거) ~였다면[했다면] 좋았을 텐데

Quick Check Up

[정답 p. 20]

우리말과 일치하도록 괄호 안에서 알맞은 말을 고르시오.

1 내가 여동생이 있으면 좋을 텐데.

⇒ I wish I (had / had had) a little sister.

2 그 아이돌 그룹을 만났다면 좋았을 텐데.

⇒ I wish I (met / had met) the idol group.

3 내가 너와 함께 시간을 좀 더 많이 보냈더라면 좋았을 텐데.

⇒ I wish I (spent / had spent) more time with you.

4 오늘 날씨가 덥지 않으면 좋을 텐데.

⇒ I wish it (weren't / hadn't been) hot today.

5 주말이 5일이면 좋을 텐데.

⇒ I wish weekends (were / had been) five days long.

A _ 빈칸 완성 우리말과 일치하도록 주어진 말을 이용하여 빈칸에 알맞은 말을 쓰시오.

1 내가 운동을 잘하면 좋을 텐데. (be)

➡ _____ _____ I _____ good at sports.

2 내가 운동을 잘했으면 좋았을 텐데.

➡ _____ _____ I _____ _____ good at sports.

3 나의 부모님이 내 꿈을 응원해 주시면 좋을 텐데. (support)

➡ _____ _____ my parents _____ my dream.

4 나의 부모님이 내 꿈을 응원해 주셨으면 좋았을 텐데.

➡ _____ _____ my parents _____ _____ my dream.

B _ 문장 전환 의미가 통하도록 주어진 말로 시작하는 문장으로 바꿔 쓰시오.

1 I'm sorry I didn't learned Spanish for the trip.

➡ I wish _____.

2 I'm sorry I am not strong enough to lift the weight.

➡ I wish _____.

3 I'm sorry we didn't help the sick children.

➡ I wish _____.

C _ 영작 우리말과 일치하도록 주어진 말을 이용하여 영어로 옮기시오.

1 Jenny가 1등을 했더라면 좋았을 텐데. (win first prize)

➡ _____

2 내가 그를 파티에 초대하지 않았으면 좋았을 텐데. (invite, to the party)

➡ _____

3 네가 파리에서 더 오래 머물렀으면 좋았을 텐데. (stay, longer, in Paris)

➡ _____

A 우리말과 일치하도록 어법상 **틀린** 부분을 바르게 고치시오.

1 그가 내 마음을 읽을 수 있으면 좋을 텐데.

➡ I wish he reads my mind. _____ ➡ _____

2 그녀는 마치 전에 나를 본 적이 없었던 것처럼 행동했다.

➡ She acted as if she didn't see me before. _____ ➡ _____

3 네가 우리와 함께 해변에 올 수 있었으면 좋았을 텐데.

➡ I wish you could come to the beach with us. _____ ➡ _____

4 너는 나에 대한 그 소문이 진실인 것처럼 말한다.

➡ You talk as if the rumor about me is true. _____ ➡ _____

5 우리 배구 팀이 결승에 올라갔으면 좋았을 텐데.

➡ I wish our volleyball team went to the finals. _____ ➡ _____

B 우리말과 같은 뜻이 되도록 주어진 말과 **as if**를 이용하여 문장을 완성하시오.

1 많은 아이들은 인형이 마치 살아 있는 것처럼 생각한다. (dolls, be, alive)

➡ Many children think _____ .

2 내가 아빠보다 키가 크면 좋을 텐데. (be, taller, than)

➡ I _____ .

3 그 팀장은 그 모든 일을 혼자 했던 것처럼 말한다. (do, all the work)

➡ The manager talks _____ alone.

4 내 여동생이 내 말을 잘 들으면 좋을 텐데. (listen to, my words)

➡ I wish _____ .

5 그 고양이는 그 강아지를 자기 새끼인 것처럼 대했다. (it, be, her baby)

➡ The cat treated the puppy _____ .

빈출 유형

C 주어진 문장을 바꿔 쓴 문장이 맞으면 ○표, 틀리면 ✕표 하고, 틀린 부분을 바르게 고치시오.

1 Henry acted as if he were a university student.

➡ In fact, he isn't a university student.

( ) _____ ➡ _____

2 I wish my dog didn't bark when someone visits my house.

➡ I'm sorry my dog barked when someone visits my house.

( ) _____ ➡ _____

3 You acted as if you had received an email from her.

➡ In fact, you received any email from her.

( ) _____ ➡ _____

4 I wish I had bought the brand-new smartphone.

➡ I'm sorry I bought the brand-new smartphone.

( ) _____ ➡ _____

Real Test

대화를 읽고 주어진 말을 이용하여 밑줄 친 우리말을 영어로 옮기시오.

1

A: Fred went back to Canada, his home country.
B: I have something to tell him about the work.
A: You can write him. Do you have his email address?
B: No. 내가 그의 이메일 주소에 대해 물어봤으면 좋았을 텐데.

➡ _____ (wish, ask)

2

A: Dan, you should not sit with your legs crossed. You may hurt your back.
B: I know, but I can't help it.
A: You need to do something before it's too late.
B: 너는 마치 나의 아빠처럼 말하는구나.

➡ _____ (talk, be)

Focus 47 부정구문

None of them were sleeping.

그들 중 누구도 잠을 자고 있지 않았다.

- 부정구문에는 전체부정과 부분부정이 있다. 전체부정은 문장 전체를 부정하는 것으로 '아무(것)도 ~하지 않다'라는 뜻이며, 부분부정은 문장의 일부를 부정하는 것으로 '모두 ~인[한] 것은 아니다'라는 뜻이다.

  e.g. **Not all** of them were sleeping.
     (그들 모두가 잠을 자고 있는 것은 아니다.)
  → Some of them were sleeping. The others weren't sleeping.
     (그들 중 몇 명은 자고 있었다. 다른 사람들은 자고 있지 않았다.)

부정구문	전체부정	no, no one, none, neither, never 등	아무(것)도 ~하지 않다
	부분부정	not+all, every, always, both, each 등	모두 ~인[한] 것은 아니다

Quick Check Up

[정답 p. 20]

다음 문장의 뜻으로 알맞은 것을 고르시오.

1 None of the games is interesting.
□ 그 게임 중 어떤 것도 재미가 없다.
□ 그 게임이 모두 재미있는 것은 아니다.

2 Neither of them came here.
□ 그들 둘 다 여기에 오지 않았다.
□ 그들 둘 다 여기에 오지 않은 것은 아니다.

3 Sam is not always late for school.
□ Sam은 결코 학교에 지각하지 않는다.
□ Sam이 항상 학교에 지각하는 것은 아니다.

4 Not everyone likes her.
□ 모두가 그녀를 좋아하지 않는다.
□ 모두가 그녀를 좋아하는 것은 아니다.

5 Mia never eats vegetables.
□ Mia는 결코 채소를 먹지 않는다.
□ Mia가 채소를 먹지 않는 것은 아니다.

A_빈칸 완성 **우리말과 일치하도록 빈칸에 알맞은 말을 쓰시오.**

1 나는 결코 내가 하고 싶지 않은 일을 하지 않겠다.

➡ I will _____ do what I don't want to do.

2 그들 둘 다 수업에 결석하지 않았다.

➡ _____ of them were absent.

3 우리들 중 누구도 버스를 타고 학교에 가지 않는다.

➡ _____ of us goes to school by bus.

4 네가 하는 모든 것이 완벽한 것은 아니다.

➡ _____ everything you do is perfect.

B_순서 배열 **우리말과 일치하도록 주어진 말을 바르게 배열하시오.**

1 너희들 모두가 시험을 잘 본 것은 아니다. (of you / all / on the test / well / not / did)

➡ _____

2 나는 저녁 식사를 위한 테이블을 예약할 시간이 없었다.
(to book / I / for dinner / no time / a table / had)

➡ _____

3 일기예보가 항상 맞는 것은 아니다. (is / always / not / the weather forecast / correct)

➡ _____

C_문장 완성 **우리말과 일치하도록 주어진 말을 이용하여 문장을 완성하시오.**

1 그들 둘 다 지난주에 도서관에 가지 않았다. (neither)

➡ _____ _____ _____ went to the library last week.

2 그 아이들 모두가 컴퓨터를 사용할 수 있는 것은 아니다. (all, the children)

➡ _____ _____ _____ _____ _____ are able to use computers.

3 누가 그 게임을 이길지는 아무도 모른다. (one, know)

➡ _____ _____ _____ who will win the game.

Focus 48 간접의문문

Do you know **who stole your bike**?

너는 누가 너의 자전거를 훔쳤는지 아니?

- 간접의문문은 직접의문문과 달리 평서문 어순을 취하며, 다른 문장 내에서 주로 명사절 역할을 한다.

- 의문사가 주어로 쓰인 경우에는 〈의문사+동사〉로 쓰고, 의문사가 주어로 쓰이지 않은 경우에는 〈의문사+주어+동사〉의 순서로 쓴다. 의문사가 없는 의문문일 경우에는 접속사 if나 whether를 써서 〈if[whether]+주어+동사〉의 순서로 쓴다.

  e.g. Do you know?+Who did this?
  → Do you know **who did this**? 의문사가 있는 간접의문문
  (너는 누가 이것을 했는지 아니?)
  I don't know.+Is he going to come?
  → I don't know **if[whether] he is going to come**. 의문사가 없는 간접의문문
  (나는 그가 올지 아닐지 모른다.)

- 주절의 동사가 think, guess, believe, suppose 등의 생각, 추측을 나타내는 동사일 경우에는 간접의문문에서 의문사를 문장 앞에 쓴다.

  e.g. Do you **think**?+**What** does Sam like to do?
  → **What do you think** Sam likes to do?
  (너는 Sam이 무엇을 하는 걸 좋아한다고 생각하니?)

의문사가 있는 간접의문문	의문사(주어)+동사
	의문사+주어+동사
의문사가 없는 간접의문문	if[whether]+주어+동사

Quick Check Up   [정답 p. 20]

우리말과 일치하도록 괄호 안에서 알맞은 말을 고르시오.

1 너는 그가 무슨 일을 하는지 아니?

⇒ Do you know (what does he do / what he does)?

2 너는 그들이 언제 도착할 것이라고 생각하니?

⇒ (Do you think when / When do you think) they will arrive?

3 그녀가 시험에 통과했는지 내게 말해줄래?

⇒ Can you tell me (if did she pass / if she passed) the test?

4 너는 오늘 누가 경기를 이길지 아니?

⇒ Do you know (whether / who) will win the game today?

A_문장 전환 두 문장이 같은 뜻이 되도록 빈칸에 알맞은 말을 쓰시오.

1 Do you know? + Where is the bus stop?

➡ Do you know _____?

2 Can you tell me? + Did he find his wallet?

➡ Can you tell me _____?

3 Can you guess? + Who will come first?

➡ _____ come first?

B_순서 배열 우리말과 일치하도록 주어진 말을 바르게 배열하시오.

1 너는 그가 무엇을 하고 있다고 생각하니?
(suppose / doing / what / you / he / do / is)

➡ _____

2 너는 그가 왜 턱수염을 길렀는지 아니?
(he / a beard / do / why / know / you / grew)

➡ _____

3 나는 우리가 올바른 길로 가고 있는지 알고 싶다.
(I / we're / if / going / to know / the right way / want)

➡ _____

C_영작 우리말과 일치하도록 주어진 말을 이용하여 문장을 완성하시오.

1 그들은 네가 어떻게 집에 갔는지 모른다. (go, home)

➡ _____

2 쇼가 언제 시작하는지 나에게 말해 줄래? (the show, start)

➡ _____

3 너는 그가 왜 이사 갔다고 생각하니? (think, move)

➡ _____

A 우리말과 일치하도록 어법상 **틀린** 부분을 바르게 고쳐서 문장을 다시 쓰시오.

1 너는 다음에 무슨 일이 일어날 것이라고 생각하니?
Do you think what will happen next?

➡ _____

2 그들은 Gina가 지금 어디에 사는지 아니?
Do they know where does Gina live now?

➡ _____

3 우리 둘 다 그의 집에 가 본 적이 없다.
Both of us have been to his house.

➡ _____

4 네가 항상 옳은 선택을 할 수는 없다.
You always can't make the right choices.

➡ _____

5 그 쇼가 언제 끝났는지 말해 줄래?
Can you tell me whether the show ended?

➡ _____

B 우리말과 같은 뜻이 되도록 주어진 말을 이용하여 영어로 옮기시오.

1 그들 중 누구도 너를 보고 싶어 하지 않았다. (none of, want, see)

➡ _____

2 우리들 중 모두가 그 소식을 듣고 기뻐했던 것은 아니다. (all of, happy, to hear)

➡ _____

3 나는 그들이 배고픈지 알고 싶다. (if, want, know, hungry)

➡ _____

4 너는 Ann이 언제 그 일을 끝낼 수 있다고 생각하니? (think, can, finish, the work)

➡ _____

C 우리말과 일치하도록 주어진 말을 넣어 문장을 다시 쓰시오.

1 그녀의 소설이 항상 읽기 쉬운 것은 아니다.
   Her novels are always easy to read. (not)

   ➡ _____

2 나는 너와 함께한 시간을 결코 잊지 않을 것이다.
   I will forget the time with you. (never)

   ➡ _____

3 모든 사람이 위대한 예술가가 될 수 있는 것은 아니다.
   Everyone can become a great artist. (not)

   ➡ _____

4 일이 어떻게 진행될지는 아무도 모른다.
   One knows what is going on. (no)

   ➡ _____

Real Test

주어진 말로 시작하는 간접의문문을 완성하시오.

1 What do you want for lunch?
   ➡ Can you tell me _____ ?

2 I don't understand. Why were you so upset?
   ➡ I don't understand _____ .

3 Where do you go during your summer vacation?
   ➡ Does he know _____ ?

4 Who will join our club?
   ➡ I want to know _____ .

5 Who is the man over there?
   ➡ Do you know _____ ?

강조

It was in the library **that** I met Mina for the first time.
내가 미나를 처음 만났던 것은 도서관에서였다.

- 〈It ~ that ...〉 강조 구문은 '…한 것은 (바로) ~이다'라는 뜻으로 It과 that 사이에 강조할 말을 넣고 나머지 부분을 that 다음에 넣는다. 강조할 말은 주어, 보어, 목적어, 수식어구 등이 올 수 있지만 동사를 강조할 수는 없다. 동사를 강조할 때는 〈do/does/did+동사원형〉의 형태로 쓰며, '정말 ~하다/했다'라는 뜻이다.

  e.g. I met Mina in the library for the first time.
  → **It** was <u>Mina</u> **that** I met in the library for the first time. 주어 강조
  　(내가 도서관에서 처음 만난 사람은 바로 미나였다.)
  → **It** was <u>in the library</u> **that** I met Mina for the first time. 부사구 강조
  　(내가 미나를 처음 만난 곳은 바로 도서관에서였다.)
  → **It** was <u>for the first time</u> **that** I met Mina in the library. 부사구 강조
  　(내가 도서관에서 미나를 만난 것은 처음이었다.)
  → I **did** <u>meet</u> Mina in the library for the first time. 동사 강조
  　(내가 도서관에서 미나를 정말 처음으로 만났다.)
  → **It** was <u>met</u> **that** I Mina in the library for the first time. (×)

동사를 제외한 모든 말 강조	It ~ that ...	…한 것은 (바로) ~이다
동사를 강조	do/does/did+동사원형	정말 ~하다/했다

Quick Check Up

[정답 p. 21]

주어진 문장을 강조할 때 빈칸에 알맞은 말을 쓰시오.

1 Jack made a mess in the living room.

　⇒ It was _____ that made a mess in the living room.

2 We had lunch at that restaurant.

　⇒ It was _____ _____ _____ that we had lunch.

3 My teacher gave us a lot of homework today.

　⇒ My teacher _____ _____ us a lot of homework today.

4 Dana likes reading detective novels.

　⇒ Dana _____ _____ reading detective novels.

A _ 문장 전환 밑줄 친 부분을 강조하여 문장을 완성하시오.

1 We enjoyed <u>fishing</u> at the lake.

⇒ It was _____ .

2 Some girls are sitting <u>on the grass</u>.

⇒ It is _____ .

3 Tom <u>took</u> some pictures of the sunset.

⇒ Tom _____ .

4 I <u>have</u> some work to do now.

⇒ I _____ .

B _ 순서 배열 우리말과 일치하도록 주어진 말을 바르게 배열하시오.

1 Paul은 그 음악 채널 보는 것을 정말 좋아한다. (Paul / to watch / the music channel / like / does)

⇒ _____

2 나를 정말 화나게 하는 것은 바로 너다. (you / me / that / it / so / makes / is / angry)

⇒ _____

3 나의 아버지가 일하시는 곳은 바로 그 건물에서이다.
(in that building / my dad / it / works / is / that)

⇒ _____

C _ 영작 우리말과 일치하도록 주어진 말을 이용하여 영어로 옮기시오. (강조 문장으로 쓸 것)

1 그녀는 오랫동안 Fred를 정말로 믿었다. (do, trust, for a long time)

⇒ _____

2 2018 월드컵에서 우승한 것은 바로 프랑스였다. (France, win, the 2018 FIFA World Cup)

⇒ It _____ .

3 내가 그 가게에서 산 것은 바로 이 치마였다. (buy, this skirt, at the shop)

⇒ It _____ .

Focus 50 도치

Nothing did he do after dinner.

그는 저녁 식사 후에 정말 아무것도 하지 않았다.

- 부정어(구)나 부사(구)를 강조하기 위해 문장 앞으로 보내는 경우 주어와 동사의 어순이 바뀌는데, 이를 도치라고 한다.

- 부정어를 도치하면 〈부정어＋조동사＋주어＋동사〉의 어순이 된다. 문장에 조동사가 없으면 〈부정어＋do/does/did＋주어＋동사원형〉의 형태로 쓴다.

- 장소나 방향을 나타내는 부사(구)를 도치하면 〈부사(구)＋동사＋주어〉의 어순이 된다.

  e.g. My dog was on the sofa. (나의 개가 소파 위에 있었다.)

  → **On the sofa** was my dog.

도치	부정어＋조동사＋주어＋동사 부정어＋**do/does/did**＋주어＋동사원형	부정어를 강조
	부사(구)＋동사＋주어	부사(구)를 강조

> **Note**
>
> 도치 구문에 자주 쓰이는 부정어
>
> never, no, nothing, hardly(거의 ~아니다), little(별로 ~않다), seldom(좀처럼 ~않는), rarely(좀처럼 ~하지 않는) 등이 있다.

Quick Check Up

[정답 p. 21]

밑줄 친 부분을 강조할 때 괄호 안에서 알맞은 말을 고르시오.

1 He has <u>never</u> seen such a horror movie.

➡ Never (he has seen / has he seen) such a horror movie.

2 I imagined <u>little</u> that you would come early.

➡ Little (I imagined / did I imagine) that you would come early.

3 Many people were <u>at the park</u>.

➡ At the park (many people were / were many people).

4 My dog was sitting <u>in front of the door</u>.

➡ In front of the door was (sitting my dog / my dog sitting).

A _ 문장 전환 밑줄 친 부분을 강조하여 문장을 완성하시오.

1 He could <u>hardly</u> believe that I eventually moved to Canada.

➡ Hardly _____.

2 I <u>seldom</u> talked when I was with her.

➡ Seldom _____.

3 The bookstore was <u>on the corner</u>.

➡ On the corner _____.

4 The bus is coming <u>here</u>.

➡ Here _____.

B _ 순서 배열 우리말과 일치하도록 주어진 말을 바르게 배열하시오. (도치 문장으로 쓸 것)

1 바로 수평선 위로 태양이 떠오르고 있었다. (rising / over the horizon / the sun / was)

➡ _____

2 아무것도 어두운 밤하늘에는 볼 수 있는 게 없었다.
(could / see / nothing / I / in the dark night sky)

➡ _____

3 전혀 나는 그의 노래가 성공하리라고 생각하지 못했다.
(I / to succeed / his song / did / expect / little)

➡ _____

C _ 영작 우리말과 일치하도록 주어진 말을 이용하여 영어로 옮기시오. (도치 문장으로 쓸 것)

1 바로 그의 엄마와 아빠 사이에 그 아이가 앉았다. (the kid, between, sit)

➡ _____

2 바로 해안을 따라 여행 버스가 왔다. (come, along the coastline, a tour bus)

➡ _____

3 결코 그는 자신이 피아니스트가 되리라곤 생각하지 않았다. (never, think, that, would, become)

➡ _____

빈출 유형

A 밑줄 친 부분을 강조하여 문장을 다시 쓰시오.

1 We finished the work <u>before this weekend</u>.

→ It _____ .

2 She <u>little</u> dreamed that she would live on Jeju Island.

→ _____

3 Many people <u>worry</u> about the economy.

→ _____

4 The team didn't win the game <u>because of so many errors</u>.

→ It _____ .

5 The singer came <u>out over the crowd</u>.

→ _____

B 우리말과 같은 뜻이 되도록 주어진 말을 이용하여 영어로 옮기시오.

1 그가 집에 도착한 것은 자정 이후였다. (after, midnight, arrive, home)

→ It _____ .

2 나는 정말로 Jenny를 어제 공항에서 봤다. (do, see, at the airport)

→ I _____ .

3 절대로 Ann은 설거지를 할 때 장갑을 끼지 않는다. (wear, gloves)

→ Never _____ when she washes the dishes.

4 바로 창밖에 작은 새가 앉아 있었다. (a small bird, sit)

→ Outside the window _____ .

5 내가 그 케이크를 만드는 데 필요한 것은 바로 우유이다. (some milk, need)

→ It _____ to make the cake.

C 어법상 틀린 부분을 바르게 고쳐서 문장을 다시 쓰시오. (도치나 강조 구문이 성립하도록 고칠 것)

1 Never we have learned guitar before.

➡ _____

2 He do want to live in the country now.

➡ _____

3 Little do I dreamed of studying abroad.

➡ _____

Real Test

조건 에 맞게 다음 우리말을 영어로 옮기시오.

1 그는 좀처럼 웃지 않는다.

> 조건　1. 부정어를 강조하여 쓰시오.
>
> 　　　2. hardly, smile을 사용하여 4단어로 서술하시오.

➡ _____

2 미나가 나에게 정말로 선물을 보냈다.

> 조건　1. 동사를 강조하여 쓰시오.
>
> 　　　2. send, a gift를 사용하여 6단어로 서술하시오.

➡ _____

3 그가 그 일을 시작한 것은 바로 2년 전이었다.

> 조건　1. It ~ that ... 구문을 이용하여 쓰시오.
>
> 　　　2. ago, begin, the work를 사용하여 10단어로 서술하시오.

➡ _____

핵심구문 List

Focus **01** 1형식 문장과 2형식 문장

Fred **danced** powerfully. He **looked** cool. Fred는 힘 있게 춤을 추었다. 그는 멋져 보였다.

Focus **02** 3형식 문장과 4형식 문장

Ann **gave** me a cookie. She **made** it. Ann은 내게 쿠키를 주었다. 그녀가 그것을 만들었다.

Focus **03** 5형식 문장 (목적격보어가 명사, 형용사, to부정사일 때)

She **allowed** me **to go** there. 그녀는 내가 거기에 가도록 허락했다.

Focus **04** 5형식 문장 (목적격보어가 동사원형일 때)

Sue **had** me **carry** the boxes. Sue는 내가 그 상자들을 나르도록 시켰다.

Focus **05** 현재시제와 과거시제

I usually **get up** at 7, but I **got up** at 9 this morning.
나는 보통 7시에 일어나지만, 오늘 아침에는 9시에 일어났다.

Focus **06** 진행형과 미래시제

Dan **is playing** soccer now. He **will stop** it soon.
Dan은 지금 축구를 하고 있다. 그는 곧 그것을 그만둘 것이다.

Focus **07** 현재완료의 개념과 의미

I **have taken** piano lessons for five years. 나는 5년동안 피아노 수업을 받아왔다.

Focus **08** 현재완료의 부정문과 의문문

I **have never seen** a UFO. **Have you seen** one?
나는 UFO를 본 적이 없다. 너는 본 적이 있니?

Focus **09** 과거완료시제

Dan **had waited** for two hours when I arrived.
내가 도착했을 때 Dan은 두 시간 동안 기다리고 있었다.

Focus **10** 완료진행형

I **have been searching** the Internet for hours.
나는 몇 시간 동안 인터넷을 검색하고 있는 중이다.

Focus **11** 능동태와 수동태의 개념

I **use** this smartphone. It **is used** by many teenagers.
나는 이 스마트폰을 쓴다. 그것은 많은 십 대들에 의해 사용된다.

Focus **12** 수동태의 시제, 부정문, 의문문

Have her songs **been loved** by a lot of people? 그녀의 노래는 많은 사람들에 의해 사랑을 받아왔니?

Focus **13** 4형식 문장의 수동태

He **was given** this watch by his dad. 그는 그의 아버지에 의해 이 시계가 주어졌다.

Focus **14** 5형식 문장의 수동태

I **was advised** to exercise more by the doctor. 나는 의사에 의해 운동을 더 하라는 조언을 받았다.

Focus **15** 동사구가 있는 문장의 수동태

The baby **has been taken care of** by his grandmother. 그 아기는 할머니에 의해 보살핌을 받아왔다.

Focus **16** by 이외의 전치사를 쓰는 수동태

The mountain **is covered with** snow all the time. 그 산은 항상 눈으로 덮여 있다.

Focus **17** 조동사 + have + 과거분사

You **should have watched** the game. 너는 그 경기를 봤어야 했어.

Focus **18** used to/would, had better, would rather

There **used to** be a large building near here. 이 근처에 큰 건물이 하나 있었다. (하지만 지금은 없다.)

Focus **19** 원급 비교

I am **as tall as** my dad. 나는 나의 아빠만큼 키가 크다.

Focus **20** 비교급과 최상급을 이용한 표현

The more you practice, **the better** you will become. 너는 연습을 하면 할수록 더 잘할 것이다.

Focus **21** to부정사의 명사적 용법

It's not easy **to cook**. I don't know **what to do** first.
요리하는 것은 쉽지 않다. 나는 무엇을 먼저 해야 할지 모르겠다.

Focus **22** to부정사의 형용사적 용법

Jack has a reason **to be** angry. Jack이 화난 이유가 있다.

Focus **23** to부정사의 부사적 용법

I'm so happy **to see** you again. 나는 너를 다시 보게 되어 매우 행복하다.

Focus **24** to부정사를 이용한 주요 표현

She was **too young to ride** the water slide. 그녀는 너무 어려서 워터슬라이드를 탈 수 없었다.

Focus **25** for + 목적격

It is difficult **for me** to ride my bike. 나는 자전거를 타는 것이 어렵다.

Focus **26** of + 목적격

It is very kind **of you** to help the old woman. 그 노인을 도와주다니 너는 참 친절하다.

Focus **27** 동명사의 쓰임

Walking can be a good way of **exercising**. 걷기는 운동을 하는 좋은 방법이 될 수 있다.

Focus **28** 동명사를 이용한 주요 표현

We **look forward to seeing** you soon. 우리는 너를 곧 만날 것을 기대한다.

Focus **29** 목적어로 동명사를 취하는 동사, to부정사를 취하는 동사

Mina stopped **swimming**. She wants **to ride** the water slide.
미나는 수영하는 것을 멈추었다. 그녀는 워터슬라이드를 타고 싶어 한다.

Focus **30** 목적어로 동명사와 to부정사를 모두 취하는 동사

Jake forgot **to bring** his camera. Jake는 카메라를 가져오는 것을 잊었다.

Focus **31** 분사의 형태와 쓰임

The wall **painted** by the boy looked great. 그 소년에 의해 그려진 벽은 멋져 보였다.

Focus **32** 감정을 나타내는 분사

The game was **exciting**. We were so **excited** at the game.
그 경기는 흥미진진했다. 우리는 그 경기에 흥분했다.

Focus **33** 분사구문의 형태와 의미

Walking along the street, we saw James. 우리는 거리를 걷고 있었을 때 James를 보았다.

Focus **34** 여러 가지 분사구문

His son being sick, Mark went home early. Mark는 그의 아들이 아파서 집에 일찍 갔다.

Focus **35** 관계대명사 who, whom, whose

I know a girl **who** has three brothers. 나는 남동생이 세 명이 있는 여자아이를 안다.

Focus **36** 관계대명사 which, whose

The sweater **which** he was wearing looked nice. 그가 입고 있는 스웨터는 좋아 보였다.

Focus **37** 관계대명사 that, what

Buy me the book **that** the author wrote. That's **what** I want.
제게 그 작가가 쓴 책을 사 주세요. 그게 제가 원하는 거예요.

Focus **38** 관계대명사의 생략과 계속적 용법

That is the cap (**that**) Tony likes most, **which** I lost.
그것은 Tony가 가장 좋아하는 모자인데 내가 잃어버렸다.

Focus **39** 관계부사 when, where

Do you know the place **where** you were born? 너는 네가 태어난 곳을 아니?

Focus **40** 관계부사 why, how

Tell me the reason **why** you are crying. 네가 울고 있는 이유를 내게 말해 줘.

Focus **41** 시간, 이유, 목적을 나타내는 접속사

As soon as I arrived home, it began to rain outside.
내가 집에 도착하자마자 밖에 비가 내리기 시작했다.

Focus **42** 조건, 양보를 나타내는 접속사

Unless you save money, you can't buy it. 네가 돈을 모으지 않으면 그것을 살 수 없다.

Focus **43** 가정법 과거

If I **were** you, I **would choose** this one. 만약 내가 너라면 나는 이것을 선택할 텐데.

Focus **44** 가정법 과거완료

If you **had come** here, you **would have regretted** it.
네가 여기 왔더라면 너는 후회했을 텐데.

Focus **45** as if 가정법

He acts **as if** he **were** my brother. 그는 마치 나의 형처럼 행동한다.

Focus **46** I wish 가정법

I wish you **were** here now. 네가 여기 있으면 좋을 텐데.

Focus **47** 부정구문

None of them were sleeping. 그들 중 누구도 잠을 자고 있지 않았다.

Focus **48** 간접의문문

Do you know **who stole your bike**? 너는 누가 너의 자전거를 훔쳤는지 아니?

Focus **49** 강조

It was in the library **that** I met Mina for the first time.
내가 미나를 처음 만났던 것은 도서관에서였다.

Focus **50** 도치

Nothing did he do after dinner. 그는 저녁 식사 후에 정말 아무것도 하지 않았다.

특별훈련
서술형
Writing 2 실력

저자 English Bridge

초판 1쇄 발행 2018년 11월 20일
초판 2쇄 발행 2022년 12월 8일

편집장 조미자
책임편집 류은정·강남숙
표지디자인 윤미주
디자인 임미영
마케팅 도성욱·문신영·김성준
관리 이성희·신세영·신시아
인쇄 삼화 인쇄

펴낸이 정규도
펴낸곳 ◎ Happy House
서울시 마포구 잔다리로 64-1 다락원 빌딩
전화 02-736-2031 (내선 250)
팩스 02-736-2037
출판등록 1977년 9월 16일 제406-2008-000007호

값 13,000원
ISBN 978-89-6653-564-4 53740

구성 본책, Workbook, 정답
무료 다운로드 정답, Voca List, Unit Test www.ihappyhouse.com
*Happy House는 다락원의 임프린트입니다.

특별훈련

서술형
Writing
2

Workbook

실력

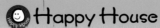
Happy House

특별훈련

서술형

Writing

2

Workbook

실력

Happy House

Contents

A 어법상 **틀린** 부분을 고쳐서 문장을 다시 쓰시오.

1 Fred danced powerful on the stage.

➡ _____

2 The coffee tastes chocolate.

➡ _____

3 He looked strangely this morning

➡ _____

4 Ms. Jackson spoke slow in a low voice.

➡ _____

B 다음 문장을 우리말로 옮기시오.

1 Suddenly, his face turned pale.

➡ _____

2 The clothes felt very soft.

➡ _____

3 Please keep quiet in the museum.

➡ _____

C 우리말과 일치하도록 주어진 말을 이용하여 영어로 옮기시오.

1 비가 온 후에 날씨가 따뜻해졌다. (the weather, get, warmer, after)

➡ _____

2 그 음악은 나에게 소음처럼 들린다. (the music, sound, noise, to me)

➡ _____

3 Lisa는 나에게 빨리 뛰어왔다. (run, to, quickly)

➡ _____

Focus 02 3형식 문장과 4형식 문장

A 밑줄 친 부분을 어법상 바르게 고치시오.

1 Ann gave a pencil <u>for him</u>. ⇒ _____

2 Pass <u>to me</u> the notebook. ⇒ _____

3 Greg bought some tickets <u>to us</u>. ⇒ _____

4 Who cooked <u>for you</u> dinner? ⇒ _____

5 Ms. Lee teaches history <u>for her</u>. ⇒ _____

6 Why did you send <u>for them</u> that letter? ⇒ _____

B 다음 문장을 3형식 문장으로 바꿔 쓰시오.

1 My dad told me our family history.

⇒ _____

2 The documentary shows us some wonders of nature.

⇒ _____

3 Can I ask you a question?

⇒ _____

4 Lisa found me this book.

⇒ _____

C 우리말과 일치하도록 주어진 말을 이용하여 영어로 옮기시오. (3형식 문장으로 쓸 것)

1 누가 너에게 이 스웨터를 사 주었니? (who, buy, this sweater)

⇒ _____

2 Sam은 우리에게 자신의 그림을 보여주었다. (show, painting)

⇒ _____

3 나는 점심 식사로 샌드위치를 만들었다. (make, sandwiches, for lunch)

⇒ _____

A 괄호 안에서 알맞은 것을 고르시오.

1 Mom allowed me (go / to go) to the concert.

2 Gina often makes her parents (angry / angrily).

3 The fan will keep you (cool / coolly).

4 The teacher advised me (study / to study) harder.

5 We found the boy (honest / honesty).

6 They elected him (to a leader / the leader).

B 어법상 **틀린** 부분을 고쳐 문장을 다시 쓰시오.

1 The movie made the girl popularly.

➡ _____

2 My friends call Danny me.

➡ _____

3 He expected me come to the party.

➡ _____

4 Can you leave the door to open?

➡ _____

C 우리말과 일치하도록 주어진 말을 이용하여 영어로 옮기시오.

1 그는 그들이 그 쇼를 보기를 원한다. (want, watch, the show)

➡ _____

2 많은 사람들이 그 여자를 약하다고 생각했다. (many people, consider, weak)

➡ _____

3 나는 그것을 비밀로 유지하겠다. (will, keep, a secret)

➡ _____

Focus 04 5형식 문장(목적격보어가 동사원형일 때)

[정답 p. 22]

A 우리말과 일치하도록 주어진 말을 이용하여 문장을 완성하시오.

1 Sue는 나에게 그 상자를 운반하라고 시켰다. (have, carry)

➡ Sue _____ the boxes.

2 Jackson 선생님은 우리에게 교실을 청소하라고 시키셨다. (get, clean)

➡ Mr. Jackson _____ the classroom.

3 Ryan은 그의 아빠가 텐트 설치하는 것을 도왔다. (help, set up)

➡ Ryan _____ the tent.

4 나는 Paul이 거리에서 자전거를 타고 있는 것을 보았다. (see, ride his bike)

➡ I _____ on the street.

B 어법상 틀린 부분을 고쳐서 문장을 다시 쓰시오.

1 Mina felt something to crawl on her feet.

➡ _____

2 You always make me doing my best.

➡ _____

3 Jason got his sister feed the dog every morning.

➡ _____

C 우리말과 일치하도록 주어진 말을 이용하여 영어로 옮기시오.

1 저에게 당신의 이메일 주소를 알려주세요. (please, let, have, email address)

➡ _____

2 Sally는 우리가 게시판 꾸미는 것을 도왔다. (help, decorate, the bulletin board)

➡ _____

3 너는 누군가 도와달라고 소리치는 것을 들었니? (hear, someone, shout, for help)

➡ _____

[정답 p. 22]

A 우리말과 일치하도록 주어진 말을 빈칸에 알맞은 형태로 바꿔 쓰시오.

1 미나는 보통 8시에 아침을 먹지만 오늘은 10시에 아침을 먹었다. (have)

➡ Mina usually _____ breakfast at 8, but today she _____ it at 10.

2 나의 엄마는 주말마다 하이킹을 가시지만 지난 주말에는 가지 않으셨다. (go)

➡ My mom _____ hiking every weekend, but she _____
_____ hiking last weekend.

3 한 시간 전에는 그 식당에 단지 약간의 사람이 있었지만, 지금은 사람이 많다. (be)

➡ There _____ only a few people in the restaurant an hour ago, but
there _____ many people now.

B 밑줄 친 부분을 바르게 고쳐서 문장을 다시 쓰시오.

1 The sun rise in the east and set in the west.

➡ _____

2 Mozart composes this opera in 1786.

➡ _____

3 Sora buys some bread and milk yesterday.

➡ _____

C 우리말과 일치하도록 주어진 말을 이용하여 영어로 옮기시오.

1 그 뮤지컬은 지난주에 끝났다. (the musical, end)

➡ _____

2 필리핀은 수많은 섬들로 이루어져 있다. (the Philippines, consist of, a lot of, island)

➡ _____

3 그녀는 젊었을 때 청바지 입는 것을 좋아했다. (like, wear, jeans, when, young)

➡ _____

Focus 06 진행형과 미래시제

[정답 p. 22]

A 우리말과 일치하도록 괄호 안에서 알맞은 말을 고르시오.

1 Dan은 지금 점심을 먹고 있다.

➡ Dan is (have / having) lunch now.

2 그들은 그때 영화를 보고 있었다.

➡ They (are / were) watching a movie then.

3 그녀는 곧 그 일을 끝낼 것이다.

➡ She (finishes / will finish) the work soon.

4 우리는 다음 달에 유럽으로 여행을 갈 예정이다.

➡ We (are going / will) to travel to Europe next month.

B 주어진 말을 이용하여 대화를 완성하시오.

1 A: What are you going to do this Saturday?

B: I _____ my grandparents. (visit)

2 A: When will he come?

B: I don't know, but he _____. (late, not)

3 A: What are you doing now?

B: I _____ on the bed now. (lie)

C 괄호 안의 지시대로 문장을 바꿔 쓰시오.

1 They played soccer on the playground. (과거진행형으로)

➡ _____

2 Peter bought some food for the camping trip. (미래시제로)

➡ _____

3 Does she study English? (현재진행형으로)

➡ _____

A 밑줄 친 부분에 유의하여 다음 문장을 우리말로 옮기시오.

1 Mia <u>has taken</u> three piano lessons so far.

➡ _____

2 Sam <u>has just finished</u> his homework.

➡ _____

3 I <u>have seen</u> this movie before.

➡ _____

4 <u>I've lost</u> my wallet.

➡ _____

B 밑줄 친 부분을 바르게 고쳐서 문장을 다시 쓰시오.

1 When <u>has he seen</u> the movie?

➡ _____

2 The singer has participated in many kinds of volunteer work <u>for 2013</u>.

➡ _____

3 We <u>have gone to</u> Busan many times.

➡ _____

C 우리말과 일치하도록 주어진 말을 이용하여 영어로 옮기시오.

1 나는 이미 내 방을 청소했다. (already, clean)

➡ _____

2 그는 전에 태국 음식을 먹어 본 적이 있다. (eat, Thai food, before)

➡ _____

3 그들은 이 호텔에 머물기로 결정했다. (decide, stay, at this hotel)

➡ _____

Focus 08 현재완료의 부정문과 의문문

[정답 p. 23]

A 다음 문장을 부정문과 의문문으로 바꿔 쓰시오.

1 I have seen a UFO.
   ⇒ _____
   ⇒ _____

2 He has finished the project.
   ⇒ _____
   ⇒ _____

3 They have studied English for years.
   ⇒ _____
   ⇒ _____

B 우리말과 일치하도록 어법상 <u>틀린</u> 부분을 고쳐서 문장을 다시 쓰시오.

1 Did you ever traveled by ship? 너는 배를 타고 여행을 해 본 적이 있니?
   ⇒ _____

2 My dad was never late for the work. 나의 아빠는 직장에 지각한 적이 결코 없다.
   ⇒ _____

3 How often did you write to Lisa since last year?
   작년부터 너는 얼마나 자주 Lisa에게 편지를 썼니?
   ⇒ _____

C 우리말과 일치하도록 주어진 말을 이용하여 영어로 옮기시오.

1 나는 지난 8월 이후로 그를 본 적이 없다. (see, last August)
   ⇒ _____

2 그는 벌써 저녁 식사를 끝냈니? (finish, already, dinner)
   ⇒ _____

3 그녀는 얼마나 오랫동안 병원에 입원해 있니? (how long, be, in hospital)
   ⇒ _____

Focus 09 과거완료시제

[정답 p. 23]

A 우리말과 일치하도록 주어진 말을 이용하여 문장을 완성하시오.

1 내가 도착했을 때 Dan은 두 시간 동안 기다리고 있었다. (wait)

➡ Dan _____ _____ for me for two hours when I arrived.

2 그녀는 집에 오기 전에 햄버거를 샀다. (buy)

➡ She _____ _____ a hamburger before she came home.

3 나는 그가 그 영화를 이미 봤다는 것을 몰랐다. (see)

➡ I didn't know that he _____ already _____ that movie.

B 과거완료시제를 사용하여 두 문장을 한 문장으로 바꿔 쓴 문장을 완성하시오.

1 Sora walked for five hours. She was so tired.

➡ Sora was so tired because she _____.

2 Fred gave his sister the cap. I bought the cap for him.

➡ Fred gave his sister the cap that _____.

3 The children didn't go to bed yet. And then their mom came home.

➡ _____ when their mom came home.

C 우리말과 일치하도록 주어진 말을 이용하여 영어로 옮기시오.

1 나는 외출하기 전에 내 방을 청소했다. (clean, go out)

➡ _____

2 Jenny는 오랫동안 내가 그녀에게 화가 났었다는 것을 알아채지 못했다. (realize, angry with)

➡ _____

3 그가 도착했을 때 그 쇼는 이미 시작했다. (begin, already, arrive)

➡ _____

4 나는 컴퓨터가 고장 나기 전까지 5년 동안 사용했었다. (use, before, break down)

➡ _____

 **Focus 10** 완료진행형

[정답 p. 23]

A 우리말과 일치하도록 괄호 안에서 알맞은 말을 고르시오.

1 나는 몇 시간 동안 인터넷을 검색하고 있는 중이다.

➡ I (was / have been) searching the Internet for hours.

2 그들은 오늘 아침부터 여기서 휴지를 줍고 있는 중이다.

➡ They (were / have been) picking up trash since this morning.

3 네가 전화했을 때 나는 세 시간 동안 책을 읽고 있는 중이었다.

➡ When you called, I (have / had) been reading a book for three hours.

4 그녀가 들어왔을 때 우리는 한 시간 동안 그 문제를 토론하고 있는 중이었다.

➡ We (have / had) been discussing the problem for an hour when she entered.

B 완료진행형을 사용하여 다음 두 문장을 한 문장으로 바꿔 쓴 문장을 완성하시오.

1 She began cooking dinner two hours ago. She is still cooking now.

➡ _____ for two hours.

2 They started playing tennis this morning. They are still playing now.

➡ _____ since this morning.

3 He was playing a computer game for hours. Then I came home.

➡ When I came home, _____ for hours.

C 우리말과 일치하도록 주어진 말을 이용하여 영어로 옮기시오.

1 Jack은 내 컴퓨터를 세 시간째 사용하고 있다. (use, for)

➡ _____

2 그들은 작년부터 그 사업을 위해 준비하고 있다. (prepare for, the business)

➡ _____

3 우리가 도착했을 때, 그들은 두 시간 동안 우리를 기다리고 있는 중이었다. (arrive, wait for)

➡ _____

A 괄호 안에서 알맞은 말을 고르시오.

1 Many teenagers (use / is used) this smartphone.

This smartphone (use / is used) by many teenagers.

2 A famous artist (designed / was designed) these shoes.

These shoes (designed / were designed) by a famous artist.

3 An old woman (owns / is owned) the whole island.

The whole island (owns / is owned) by an old woman.

4 The city (holds / is held) a flea market every other Saturday.

A flea market (holds / is held) by the city every other Saturday.

B 다음 문장을 수동태로 바꿔 쓰시오.

1 Someone stole my laptop computer.

➡ _____

2 Millions of people watched the game last night.

➡ _____

3 Many people visit that city every year.

➡ _____

C 우리말과 일치하도록 주어진 말을 이용하여 영어로 옮기시오.

1 우리 교실은 우리 모두에 의해 청소된다. (classroom, clean, all of us)

➡ _____

2 폭설로 인해 모든 비행이 취소되었다. (all the flight, cancel, due to, heavy)

➡ _____

3 그의 그림이 해마다 이곳에서 전시된다. (paintings, display, every year)

➡ _____

Focus 12 수동태의 시제, 부정문, 의문문

A 괄호 안에서 알맞은 말을 고르시오.

1 You should (handle / be handled) this box carefully.

This box should (handle / be handled) carefully.

2 He has (directed / been directed) many TV shows.

Many TV shows have (directed / been directed) by him.

3 The mechanic was (fixing / being fixed) the car.

The car was (fixing / being fixed) by the mechanic.

4 (Did / Was) everyone love the singer when he was alive?

(Did / Was) the singer loved by everyone when he was alive?

B 다음 문장을 수동태로 바꿔 쓰시오.

1 You can change the schedule.

⇒ _____

2 A child was drawing a picture on the ground.

⇒ _____

3 Many people didn't read his new book.

⇒ _____

C 우리말과 일치하도록 주어진 말을 이용하여 영어로 옮기시오.

1 이 규칙은 모든 회원들에 의해 지켜져야 한다. (rule, must, keep, all members)

⇒ _____

2 그 치킨은 기름에 튀겨지지 않을 것이다. (the chicken, will, fry, in oil)

⇒ _____

3 그 학교는 그 회사에 의해 후원을 받아왔니? (support, the company)

⇒ _____

A 괄호 안에서 알맞은 말을 고르시오.

1 This laptop computer was given (for / to) me by my dad.

2 A new machine was bought (for / to) us.

3 Some questions were asked (of / to) him.

4 Were the cookies (sent / made) for us?

5 The story has been told (for / to) him.

B 다음 문장을 주어진 말로 시작하는 수동태로 바꿔 쓰시오.

1 My brother has taught me math.

⇒ I _____ .

⇒ Math _____ .

2 Bora bought him a nice jacket.

⇒ A nice jacket _____ .

3 The teacher passed us the test papers.

⇒ The test papers _____ .

C 우리말과 일치하도록 주어진 말을 이용하여 영어로 옮기시오.

1 몇 가지 음료가 그들에게 제공되었다. (some beverages, bring)

⇒ _____

2 멋진 엽서 한 통이 나에게 보내졌다. (a nice postcard, send)

⇒ _____

3 몇 가지 질문이 그녀에게 질문되었다. (a few questions, ask)

⇒ _____

Focus 14 5형식 문장의 수동태

A 다음 문장을 수동태로 바꿀 때 빈칸에 알맞은 말을 쓰시오.

1 The doctor advised me to exercise more.

➡ I was advised _____ more by the doctor.

2 His mother made him a popular star.

➡ He was made _____ by his mother.

3 We heard a cat meowing in the bush.

➡ A cat was heard _____ in the bush.

4 Mom made me wash the dishes.

➡ I was made _____ the dishes by Mom.

B 다음 문장을 수동태로 바꿔 쓰시오.

1 My family called me Jinny.

➡ _____

2 His failure will make him stronger than before.

➡ _____

3 Sally saw the man wait for the bus.

➡ _____

C 우리말과 일치하도록 주어진 말을 이용하여 영어로 옮기시오.

1 그는 올림픽 경기에서 금메달을 딸 것으로 기대되었다.
(expect, win, the gold medal, in the Olympic Games)

➡ _____

2 우리는 그 시험을 위해 열심히 공부하게 되었다. (make, study, for the test)

➡ _____

3 그녀는 주의 깊게 운전하라는 말을 들었다. (tell, drive, carefully)

➡ _____

Focus 15 동사구가 있는 문장의 수동태

A 다음 문장을 수동태로 바꿀 때 빈칸에 알맞은 말을 쓰시오.

1 His grandmother has taken care of the baby.

→ The baby has _____ by his grandmother.

2 The storm cut off the phone lines.

→ The phone lines _____ by the storm.

3 Mom got rid of my favorite game consoles.

→ My favorite game consoles _____ by Mom.

4 Many people have looked up to the leader.

→ The leader _____ by many people.

B 다음 문장을 수동태로 바꿔 쓰시오.

1 The man threw away his old clothes.

→ _____

2 Mr. Jackson has looked after the dog since last year.

→ _____

3 They turned off the lights when the movie started.

→ _____

C 우리말과 일치하도록 주어진 말을 이용하여 영어로 옮기시오.

1 그 영화에는 양성평등을 다룬다. (gender equality, deal with, in the movie)

→ _____

2 한 노인이 트럭에 치였다. (an old man, run over, a truck)

→ _____

3 아이들은 어른들에 의해 자주 무시당해왔다. (children, look down on, adults)

→ _____

Focus 16 **by 이외의 전치사를 쓰는 수동태**

A 다음 문장을 수동태로 바꿀 때 빈칸에 알맞은 말을 쓰시오.

1 Snow covers the mountain all the time.

➡ The mountain is covered _____ snow all the time.

2 His songs interest a lot of teenagers.

➡ A lot of teenagers are interested _____ his songs.

3 The test result surprised me.

➡ I was surprised _____ the test result.

B 다음 문장을 수동태로 바꿔 쓰시오.

1 This result must please everyone.

➡ _____

2 Her decision satisfied her parents.

➡ _____

3 Your health worries us.

➡ _____

C 우리말과 일치하도록 주어진 말을 이용하여 영어로 옮기시오.

1 그 바구니는 맛있는 과일들로 가득 차 있었다. (the basket, fill, delicious fruits)

➡ _____

2 Sarah는 네티즌들에게 잘 알려져 있다. (well, know, netizens)

➡ _____

3 이 커튼은 실크로 만들어졌다. (curtains, make, silk)

➡ _____

4 그 식당은 맛있는 피자로 잘 알려져 있다. (well, know, its, delicious)

➡ _____

A 우리말과 일치하도록 주어진 말을 이용하여 문장을 완성하시오.

1 `watch`

너는 그 경기를 봐야 한다. ➡ You should _____ the game.

너는 그 경기를 봤어야 했는데. ➡ You should _____ the game.

2 `say`

그것은 사실일 리가 없다. ➡ It cannot _____ true.

그것을 사실이었을 리가 없다. ➡ It cannot _____ true.

3 `get`

그녀는 틀림없이 화낼 것이다. ➡ She must _____ angry.

그녀는 화가 났던 게 틀림없다. ➡ She must _____ angry.

B 우리말과 일치하도록 주어진 말을 이용하여 문장을 완성하시오.

1 Lyn은 오늘 아침을 걸렀을지도 모른다. (skip)

➡ Lyn _____ breakfast today.

2 너는 그 같은 큰 실수를 하지 말았어야 했는데. (make)

➡ You _____ such a big mistake.

3 Jay는 어제 그에게 전화를 했음에 틀림없다. (call)

➡ Jay _____ him yesterday.

C 우리말과 일치하도록 주어진 말을 이용하여 영어로 옮기시오.

1 Fred가 그 수업에 늦었을 리가 없다. (be late for, the class)

➡ _____

2 Tony는 그의 휴가를 즐겼어야 했는데. (enjoy, vacation)

➡ _____

3 Ann은 이미 그 책을 샀을지도 모른다. (buy, already)

➡ _____

Focus 18 used to/would, had better, would rather

[정답 p. 25]

A 어법상 틀린 부분을 바르게 고쳐서 문장을 다시 쓰시오.

1 There would be a national library near here.

➡ _____

2 Sora used to works as a flight attendant three years ago.

➡ _____

3 You had not better waste your time.

➡ _____

4 I would rather chose the red one

➡ _____

B 우리말과 일치하도록 주어진 말과 조동사를 이용하여 문장을 완성하시오.

1 나는 차라리 집에서 잠을 자겠다. (sleep)

➡ I _____ at home.

2 그녀는 그녀의 친구와 함께 학교에 걸어가곤 했다. (walk)

➡ She _____ to the school with her friend.

3 너는 당장 병원에 가보는 게 낫다. (go)

➡ You _____ see a doctor right away.

C 우리말과 일치하도록 주어진 말을 이용하여 영어로 옮기시오.

1 너는 지금 그 책을 읽는 게 좋다. (read)

➡ _____

2 나는 차라리 너 없이는 파티를 시작하지 않겠다. (begin, without)

➡ _____

3 그 건물에 만화 가게가 있었다. (there, a comic book store, in)

➡ _____

[정답 p. 25]

A 두 문장이 같은 뜻이 되도록 빈칸에 알맞은 말을 쓰시오.

1 I am not as tall as my dad.

= My dad is _____ than I.

2 Fred ran as fast as possible.

= Fred ran as fast as _____ _____.

3 This notebook is three times as expensive as that one.

= This notebook is three times _____ _____ _____ that one.

B 우리말과 일치하도록 빈칸에 알맞은 말을 보기 에서 찾아 쓰시오.

보기   heavy   cool   strong

1 그는 나보다 세 배 힘이 세다.

➡ He is three times _____ _____ _____ me.

2 너의 돼지 저금통은 내 것만큼 무겁지 않다.

➡ Your piggy bank is _____ _____ _____ mine.

3 그는 가능한 한 멋져 보이려고 했다.

➡ He tried to look _____ _____ _____ _____.

C 우리말과 일치하도록 주어진 말을 이용하여 영어로 옮기시오.

1 Gina는 Suzie만큼 나이가 들지 않았다. (old, as)

➡ _____

2 나는 너만큼 중국어를 잘 말할 수 있다. (speak, Chinese, well)

➡ _____

3 우리는 가능한 한 일찍 집을 떠나야 한다. (should, leave, home, early, possible)

➡ _____

Focus 20 비교급과 최상급을 이용한 표현

[정답 p. 25]

A 우리말과 일치하도록 주어진 말을 이용하여 문장을 완성하시오.

1 연습을 하면 할수록 너는 더 잘할 것이다. (much, good)

➡ _____ _____ you practice, _____ _____ you will

become.

2 비가 온 후에는 날이 점점 더 따뜻해질 것이다. (warm)

➡ The weather will get _____ _____ _____ after the rain.

3 가장 위대한 작곡가들 중 한 명은 Beethoven이다. (great, composer)

➡ _____ _____ _____ _____ _____ is Beethoven.

4 이곳은 내가 가본 가장 환상적인 장소였다. (fantastic, place)

➡ This is _____ _____ _____ _____ I have ever visited.

B 어법상 틀린 부분을 바르게 고쳐서 문장을 다시 쓰시오.

1 This is more interesting than any other games.

➡ _____

2 Which is a good way to go there, by bus or by subway?

➡ _____

3 The number of students is getting more and more small.

➡ _____

C 우리말과 일치하도록 주어진 말을 이용하여 영어로 옮기시오.

1 어떤 것도 우정만큼 중요한 것은 없다. (no other thing, important, as, friendship)

➡ _____

2 내가 그에 대해 더 알면 알수록 그는 더욱 신비스러운 것처럼 보였다.
(much, know, mysterious, seem)

➡ _____

3 수학이 내게는 점점 더 어려워지고 있다. (math, get, difficult, for me)

➡ _____

A 밑줄 친 부분에 유의하여 다음 문장을 우리말로 옮기시오.

1 It's not easy <u>to cook food</u>.

➡ _____

2 We want <u>to spend time with you</u>.

➡ _____

3 His plan is <u>to learn Spanish for a year</u>.

➡ _____

4 She decided <u>what to do first</u>.

➡ _____

B 두 문장이 같은 뜻이 되도록 할 때 빈칸에 알맞은 말을 쓰시오.

1 To keep your promise is important.

= _____ is important _____ _____ your promise.

2 Can you tell me what I should buy for her birthday?

= Can you tell me _____ _____ _____ for her birthday?

3 We must know when we should leave.

= We must know _____ _____ _____ .

C 우리말과 일치하도록 주어진 말을 이용하여 영어로 옮기시오. (to부정사를 사용할 것)

1 그들은 어디서 머물러야 할지 선택해야 한다. (should, choose, stay)

➡ _____

2 좋은 지도자가 되는 것은 어려울 수도 있다. (it, can, difficult, become, a good leader)

➡ _____

3 내 소망은 내 모든 친구들을 행복하게 만드는 것이다. (wish, make, all my friends)

➡ _____

Focus 22 to부정사의 형용사적 용법 [정답 p. 25]

A 어법상 <u>틀린</u> 부분을 바르게 고쳐서 문장을 다시 쓰시오.

1 Jenny needs a pen to write.

➡ _____

2 I want cold something to drink.

➡ _____

3 We are looking for a house to live.

➡ _____

B 우리말과 일치하도록 주어진 말을 이용하여 문장을 완성하시오.

1 Jack이 화난 이유가 있다. (be angry)

➡ Jack has a reason _____.

2 이곳이 오늘 머물 호텔이다. (stay)

➡ This is the hotel _____ today.

3 우리는 그 행사를 우리를 도와줄 누군가가 필요하다. (help)

➡ We need somebody _____ with the event.

C 우리말과 일치하도록 주어진 말을 이용하여 영어로 옮기시오. (to부정사를 사용할 것)

1 공원에 앉을 의자가 몇 개 있다. (there, some, bench, sit, in the park)

➡ _____

2 그 아이는 마실 따뜻한 무언가가 필요하다. (need, warm, drink)

➡ _____

3 나는 이번 주말에 할 일이 많지 않다. (have, many things)

➡ _____

A 밑줄 친 부분에 유의하여 다음 문장을 우리말로 옮기시오.

1 I'm so happy <u>to see you again</u>.

➡ _____

2 The old man looked around <u>to find a seat</u>.

➡ _____

3 Sam grew up <u>to be a great musician</u>.

➡ _____

4 You must be a genius <u>to invent this device</u>.

➡ _____

B 우리말과 일치하도록 주어진 말을 이용하여 문장을 완성하시오.

1 그녀는 점심을 먹으러 외출하기 위해 옷을 갈아입었다. (go out for)

➡ She changed clothes _____ .

2 이 책은 이해하기 어렵다. (difficult, understand)

➡ This book is _____ .

3 그들은 그 소식을 듣게 되어 매우 놀랐다. (surprised, hear)

➡ They were so _____ the news.

C 우리말과 일치하도록 주어진 말을 이용하여 영어로 옮기시오.

1 그의 할아버지는 90세까지 사셨다. (live, be)

➡ _____

2 그 학생들은 기말고사를 끝내서 신이 났다. (excited, end, the final exams)

➡ _____

3 그녀는 그 약속에 늦지 않기 위해 서둘렀다. (hurry, be late for, the appointment)

➡ _____

Focus 24 to부정사를 이용한 주요 표현

A 우리말과 일치하도록 괄호 안에서 알맞은 말을 고르시오.

1 그녀는 너무 어려서 워터슬라이드를 탈 수 없었다.

   ➡ She was (very / too) young to ride the water slide.

2 그는 내 이름을 알고 있는 것 같다.

   ➡ He seems (know / to know) my name.

3 거기까지 가는 데 얼마의 시간이 걸릴 것이다.

   ➡ It will take some time (getting / to get) there.

B 두 문장이 같은 뜻이 되도록 빈칸에 알맞은 말을 쓰시오.

1 He is too tired to stay awake.

   ➡ He is so ＿＿＿＿＿＿＿＿＿＿＿＿＿＿＿＿＿ stay awake.

2 Mina is strong enough to break the tiles.

   ➡ Mina is so ＿＿＿＿＿＿＿＿＿＿＿＿＿＿＿＿＿ break the tiles.

3 You seem to be very smart.

   ➡ It seems ＿＿＿＿＿＿＿＿＿＿＿＿＿＿＿＿＿ very smart.

C 우리말과 일치하도록 주어진 말을 이용하여 영어로 옮기시오.

1 밖이 매우 어두운 것 같다. (it, seem, dark, outside)

   ➡ ＿＿＿＿＿＿＿＿＿＿＿＿＿＿＿＿＿＿＿＿＿＿＿＿

2 그 자전거는 너무 낡아서 탈 수 없다. (bike, old, ride)

   ➡ ＿＿＿＿＿＿＿＿＿＿＿＿＿＿＿＿＿＿＿＿＿＿＿＿

3 성공하기 위해서는 많은 노력이 든다. (take, a lot of effort, succeed)

   ➡ ＿＿＿＿＿＿＿＿＿＿＿＿＿＿＿＿＿＿＿＿＿＿＿＿

A 주어진 말을 to부정사의 의미상 주어로 활용하여 문장을 다시 쓰시오.

1 It is natural to feel happy. (you)

➡ _____

2 I want to stay silent. (him)

➡ _____

3 It is impossible to finish this today. (her)

➡ _____

4 Your idea was very useful to plan the schedule. (me)

➡ _____

B 우리말과 일치하도록 빈칸에 알맞은 말을 쓰시오.

1 우리는 네가 열심히 일할 것이라고 기대했었다.

➡ We expected _____ to work hard.

2 내가 그의 행동을 이해하는 것은 어려웠다.

➡ It was difficult _____ to understand his behavior.

3 네가 사실을 아는 것은 중요하다.

➡ It is important _____ to know the facts.

C 우리말과 일치하도록 주어진 말을 이용하여 영어로 옮기시오.

1 그녀가 피자를 만드는 것은 쉬울 것이다. (easy, make)

➡ _____

2 지도는 네가 그 도시를 여행하는 데 필요하다. (a map, necessary, travel, the city)

➡ _____

3 소라는 나에게 그녀의 노트북 컴퓨터를 쓰도록 허락했다. (Sora, allow, use, laptop computer)

➡ _____

Focus 26 of + 목적격

[정답 p. 26]

A 주어진 말을 to부정사의 의미상 주어로 활용하여 문장을 다시 쓰시오.

1 It is very kind to help the old woman. (you)

➡ _____

2 It is so wise to reuse things. (us)

➡ _____

3 It was careless to touch the dog suddenly. (him)

➡ _____

4 It was silly to refuse their offer. (her)

➡ _____

B 우리말과 일치하도록 빈칸에 알맞은 말을 쓰시오.

1 네가 입에 음식이 가득한 채로 말하는 것은 무례하다.

➡ It is rude _____ to speak with your mouth full.

2 그들이 자신의 잘못을 인정하는 것은 매우 용감했다.

➡ It was so brave _____ to accept their faults.

3 그가 자신의 부모님을 도와드리다니 정말 착하다.

➡ It's very nice _____ to help his parents.

C 우리말과 일치하도록 주어진 말을 이용하여 영어로 옮기시오.

1 그녀가 그 해결책을 찾아내다니 현명했다. (clever, find, the solution)

➡ _____

2 내가 똑같은 실수를 다시 한 것은 어리석었다. (foolish, make the same mistake)

➡ _____

3 네가 나를 도와주다니 정말 고마웠어. (nice, help)

➡ _____

A 밑줄 친 부분에 유의하여 다음 문장을 우리말로 옮기시오.

1 <u>Walking</u> can be a good way of <u>exercising</u>.

➡ _____

2 The children enjoyed <u>playing</u> in the fountains.

➡ _____

3 His hobby is <u>collecting</u> cute empty bottles.

➡ _____

B 어법상 틀린 부분을 바르게 고쳐 문장을 다시 쓰시오.

1 Working with them were a great experience for me.

➡ _____

2 Her job is review new movies and documentaries.

➡ _____

3 They talked about hold the party for her.

➡ _____

4 They started a campaign for using not plastic straws.

➡ _____

C 우리말과 일치하도록 주어진 말을 이용하여 영어로 옮기시오. (동명사를 사용할 것)

1 그의 취미는 웹툰을 읽는 것이다. (hobby, read, web comics)

➡ _____

2 그 아기는 두 시간 동안 계속해서 울었다. (keep, cry, for)

➡ _____

3 천장에 그림을 그리는 것은 매우 힘든 일이었다. (paint the ceiling, hard work)

➡ _____

Focus 28 동명사를 이용한 주요 표현

[정답 p. 26]

A 어법상 **틀린** 부분을 바르게 고쳐 문장을 다시 쓰시오.

1 We look forward to see you soon.

➡ _____

2 The students did't feel like play basketball on the playground.

➡ _____

3 My dad wants to go camp with me every weekend.

➡ _____

B 우리말과 일치하도록 빈칸에 알맞은 말을 보기 에서 골라 알맞은 형태로 바꿔 쓰시오.

> 보기   accept   pay   make   live

1 그녀는 작은 집에서 사는 것에 곧 익숙해질 것이다.

➡ She will be used to _____ in a small house soon.

2 이 돈은 집세를 내는 데 쓰여야 한다.

➡ This money should be used to _____ the rent.

3 그 남자는 그 회사의 제안을 수락할 수밖에 없었다.

➡ The man couldn't help _____ the company's offer.

4 나의 여동생은 로봇을 만드는 데 자신의 시간을 보내고 있다.

➡ My sister is spending her time _____ robots.

C 우리말과 일치하도록 주어진 말을 이용하여 영어로 옮기시오.

1 우리 부모님은 내 생일파티를 준비하시느라 바쁘다. (busy, prepare for)

➡ _____

2 그 책은 몇 번을 읽을 가치가 있다. (worth, read, several times)

➡ _____

3 여행을 위해 SUV를 사는 게 어때? (how, buy, an SUV, the trip)

➡ _____

A 괄호 안에서 알맞은 것을 <u>모두</u> 고르시오.

1 Mina stopped (running / run) around the track.

2 She wants (riding / to ride) the water slide.

3 They kept (talking / to talk) about the accident.

4 He planned (moving / to move) to another village.

5 The musician continued (playing / to play) the guitar.

6 We hate (to watch / watching) horror movies.

B 어법상 <u>틀린</u> 부분을 바르게 고쳐서 문장을 다시 쓰시오.

1 He is avoiding to meet me these days.

   ⇒ _____

2 Ann has learned baking cookies and cakes.

   ⇒ _____

3 They practiced play the guitar together.

   ⇒ _____

C 우리말과 일치하도록 주어진 말을 이용하여 영어로 옮기시오.

1 미래에 대해 꿈꾸는 것을 포기하지 마시오. (give up, dream, for the future)

   ⇒ _____

2 그녀는 갑자기 크게 웃기 시작했다. (begin, laugh, loudly, all of a sudden)

   ⇒ _____

3 나는 너를 여기에서 만나리라고는 상상할 수 없었다. (can, imagine, meet)

   ⇒ _____

Focus 30 목적어로 동명사와 to부정사를 모두 취하는 동사

A 우리말과 일치하도록 주어진 말을 빈칸에 알맞은 형태로 바꿔 쓰시오.

1 Jake는 오븐을 끄는 것을 기억했다. (turn off)

➡ Jake remembered _____ the oven.

2 나는 너와 함께 시간을 보냈던 것을 잊지 않을 것이다. (spend)

➡ I won't forget _____ time with you.

3 무대에 있는 여자아이는 노래 부르는 것을 멈추었다. (sing)

➡ The girl on the stage stopped _____.

4 나는 너에게 거짓말을 했던 것을 후회했다. (tell)

➡ I regretted _____ a lie to you.

B 어법상 **틀린** 부분을 바르게 고쳐서 그 문장을 다시 쓰시오.

1 It will rain soon. So don't forget bringing your umbrella.

➡ _____

2 We are going to Thailand soon. You should remember buying a swimsuit.

➡ _____

3 I regret saying that I can't help you. I'm so sorry.

➡ _____

C 우리말과 일치하도록 주어진 말을 이용하여 영어로 옮기시오.

1 그 콘테스트에서 최선을 다하려고 노력하시오. (try, do your best, in the contest)

➡ _____

2 나는 전화를 받기 위해 일을 멈추었다. (stop, work, answer the phone)

➡ _____

3 그는 전에 그녀를 만났던 것을 기억하지 못했다. (remember, see, before)

➡ _____

A 우리말과 일치하도록 주어진 말을 빈칸에 알맞은 형태로 바꿔 쓰시오.

1 그 소년에 의해 칠해진 벽은 멋져 보였다. (paint)

⇒ The wall _____ by the boy looked great.

2 나는 나무에서 떨어지는 잎들을 보았다. (fall)

⇒ I saw leaves _____ from the trees.

3 우리는 기차에서 삶은 계란 몇 개를 먹었다. (boil)

⇒ We ate some _____ eggs on the train.

4 자전거를 타고 있는 아이들은 내 사촌이다. (ride)

⇒ The children _____ their bikes are my cousins.

B 어법상 <u>틀린</u> 부분을 바르게 고쳐서 문장을 다시 쓰시오.

1 There are some people danced to the music.

⇒ _____

2 The pizza making by the chef tastes great.

⇒ _____

3 Don't touch the breaking glass.

⇒ _____

C 우리말과 일치하도록 주어진 말을 이용하여 영어로 옮기시오.

1 이 영화는 유명한 배우가 감독했다. (direct, a famous actor)

⇒ _____

2 횡단보도에 서 있는 여자아이는 내 여동생이다. (stand, at the crosswalk)

⇒ _____

3 울고 있는 남자아이는 배가 고픈 것 같다. (cry, seem, hungry)

⇒ _____

Focus 32 감정을 나타내는 분사

A 괄호 안에서 알맞은 말을 고르시오.

1 The game was (exciting / excited).

We were so (exciting / excited) at the game.

2 Many people are (interesting / interested) in his new song.

His new song is so (interesting / interested).

3 The predictable story made the movie (boring / bored).

I was (boring / bored) by the predictable story of the movie.

4 We were (disappointing / disappointed) by their crazy behavior.

Their crazy behavior was (disappointing / disappointed).

B 어법상 틀린 부분을 바르게 고쳐서 문장을 다시 쓰시오.

1 Their success in the IT business was surprised.

➡ _____

2 My parents were shocking at the news.

➡ _____

3 The scientists were satisfying with the test results.

➡ _____

C 우리말과 일치하도록 주어진 말을 이용하여 영어로 옮기시오.

1 너는 내일까지 그 혼란스러운 문제를 해결해야 한다. (should, solve, confuse, by)

➡ _____

2 우리는 어제 그에 관해 충격적인 소식을 들었다. (hear, shock, some)

➡ _____

3 나의 할머니는 흥미로운 이야기를 나에게 말씀해주셨다. (tell, interest, story)

➡ _____

A 밑줄 친 부사절을 분사구문으로 바꿔 쓰시오.

1 While we were walking along the street, we saw James.

➡ _____, we saw James.

2 If you turn at the corner, you will find the building.

➡ _____, you will find the building.

3 Because it is located on the main street, the restaurant is always crowded.

➡ _____, the restaurant is always crowded.

4 When I got off the bus, I began to run home.

➡ _____, I began to run home.

B 밑줄 친 부분을 부사절로 바꿔 쓰시오.

1 Tired from hard work, we went to bed early.

➡ _____, we went to bed early.

2 Paying more attention to him, you will understand his lecture better.

➡ _____, you will understand his lecture better.

3 Watching TV, she was doing yoga.

➡ _____, she was doing yoga.

C 우리말과 일치하도록 주어진 말을 이용하여 문장을 완성하시오. (분사구문으로 쓸 것)

1 그와 전화 통화를 하는 동안 그녀는 잠들었다. (talk on the phone, with)

➡ _____, she fell asleep.

2 먹을 시간이 없어서 그는 아침을 걸렀다. (have, no, time, eat)

➡ _____, he skipped breakfast.

3 이 앱을 사용하면 쉽게 송금할 수 있다. (use, app)

➡ _____, you can easily send money.

Focus 34 여러 가지 분사구문

[정답 p. 27]

A 밑줄 친 부분을 분사구문으로 바꿔 쓰시오.

1 <u>Because there was nothing to eat</u>, I had to go out to buy some food.

➡ _____, I had to go out to buy some food.

2 <u>If the weather is fine</u>, we will go on a picnic.

➡ _____, we will go on a picnic.

3 He was sitting, <u>and he crossed his legs</u>.

➡ He was sitting _____.

4 He was looking at me. <u>And tears were running down his cheeks.</u>

➡ He was looking at me _____.

B 어법상 틀린 부분을 바르게 고쳐서 문장을 다시 쓰시오.

1 Greg was walking with his dog followed.

➡ _____

2 Being no subway line here, we have to use the bus.

➡ _____

3 Minho was listening to music with his eyes closing.

➡ _____

C 우리말과 일치하도록 주어진 말을 이용하여 문장을 완성하시오. (분사구문으로 쓸 것)

1 Mark는 그의 아들이 아파서 집에 일찍 갔다. (sick)

➡ _____, Mark went home early.

2 날씨가 좋지 않아서 그 행사는 취소되었다. (the weather, bad)

➡ _____, the event was canceled.

3 그녀는 팔짱을 낀 채 나를 보았다. (arms, cross)

➡ She stared at me _____.

A 두 문장을 한 문장으로 바꿀 때 빈칸에 알맞은 관계대명사를 쓰고, 우리말로 옮기시오.

1 I know a girl. She has three brothers.

➡ I know a girl _____ has three brothers.

➡ _____

2 I know the girl. Fred met her last week.

➡ I know the girl _____ Fred met last week.

➡ _____

3 I know the girl. Her dad works for a bank.

➡ I know the girl _____ dad works for a bank.

➡ _____

B 우리말과 일치하도록 주어진 말과 관계대명사를 사용하여 문장을 완성하시오.

1 검은색 모자를 쓰고 있는 소년은 내 남동생이다. (wear)

➡ The boy _____ a black cap is my brother.

2 우리가 좋아하는 유명한 선수는 이 집에 산다. (like)

➡ The famous player _____ lives in this house.

3 부인이 가수인 그 남자는 인기 있는 댄서이다. (wife, singer)

➡ The man _____ is a popular dancer.

C 우리말과 일치하도록 주어진 말과 관계대명사를 이용하여 영어로 옮기시오.

1 대학교에서 만난 그 커플은 곧 결혼할 것이다. (the couple, at the college, marry)

➡ _____

2 나는 별명이 호랑이인 선생님을 아직도 기억한다. (still, remember, nickname, Tiger)

➡ _____

3 Sally는 내가 좋아하는 그 배우를 좋아한다. (like, the actor)

➡ _____

Focus 36 관계대명사 which, whose

[정답 p. 28]

A 두 문장을 한 문장으로 바꿀 때 빈칸에 알맞은 관계대명사를 쓰고, 우리말로 옮기시오.

1 The jumper looked nice. He was wearing it.

➡ The jumper _____ he was wearing looked nice.

➡ _____

2 The jumper looked nice. You bought it last week.

➡ The jumper _____ you bought last week looked nice.

➡ _____

3 The jumper looked nice. Its color is dark gray.

➡ The jumper _____ color is dark gray looked nice.

➡ _____

B 우리말과 일치하도록 주어진 말과 관계대명사를 사용하여 문장을 완성하시오.

1 나는 벽이 유리로 덮인 건물에 들어갔다. (wall, cover)

➡ I entered a building _____ with glass.

2 Jenny는 눈이 크고 귀가 긴 개를 기른다. (have, big eyes)

➡ Jenny has a dog _____ and long ears.

3 나는 어제 찍은 사진을 그에게 보여주었다. (take)

➡ I showed him some photos _____.

C 우리말과 일치하도록 주어진 말과 관계대명사를 이용하여 영어로 옮기시오.

1 그에 의해 쓰인 책이 오늘 출시되었다. (write, be released)

➡ _____

2 이것은 회원들이 유명한 배우들인 스포츠 동아리이다. (sports club, member, famous actors)

➡ _____

3 내가 지난주에 주문한 물건이 드디어 도착했다. (the items, order, arrive, finally)

➡ _____

A 괄호 안에서 알맞은 말을 고르시오.

1 Buy me the notebook (that / what) a famous designer made.

2 That's exactly (that / what) I want to do in the future.

3 You should know (that / what) your family likes.

4 Lyn is the only person (that / what) went to the final match.

5 Is there anything (that / what) I can help you with?

6 Never forget (that / what) your mom did for you.

B 어법상 틀린 부분을 바르게 고쳐서 문장을 다시 쓰시오.

1 This is the same jacket what I wore yesterday.

➡ _____

2 The exotic interior of the restaurant is that attracts people most.

➡ _____

3 The woman and her dog what are sitting on the bench look happy.

➡ _____

C 우리말과 일치하도록 주어진 말과 관계대명사를 이용하여 영어로 옮기시오.

1 네가 생각하고 있는 것이 모든 것 중에서 가장 중요하다. (have in mind, important, of all)

➡ _____

2 Bertha가 차를 운전한 최초의 사람이었다. (the first person, drive a car)

➡ _____

3 어제 네가 나에게 보낸 것은 기대 이상이었다. (send, to me)

➡ _____ beyond my expectation.

40

Focus 38 관계대명사의 생략과 계속적 용법

A 다음 문장에서 생략할 수 있는 부분을 생략하여 문장을 다시 쓰시오.

1 This is the cap which Tony likes most.

➡ _____

2 I know the girl who is standing in front of the store.

➡ _____

3 He is the only one that I can trust.

➡ _____

4 The store sells medicine which is made in Germany.

➡ _____

B 어법상 **틀린** 부분을 바르게 고쳐서 문장을 다시 쓰시오.

1 I broke the cup, that was my mom's favorite.

➡ _____

2 Dan met a girl, which has lived in London for 2 years.

➡ _____

3 Mia didn't remember the new address, who made her upset.

➡ _____

C 우리말과 일치하도록 주어진 말과 관계대명사를 이용하여 영어로 옮기시오.
(생략할 수 있는 부분은 생략하여 쓸 것)

1 Paul은 수업에 지각했는데, 그것이 모두를 화나게 했다. (late, make, everybody, upset)

➡ _____

2 내가 사고 싶은 물건은 언제나 비싸다. (the things, buy, always, expensive)

➡ _____

3 벤치에 앉아 있던 남자는 너를 보고 있었다. (sit, on the bench, look at)

➡ _____

A 다음 문장들이 같은 뜻이 되도록 빈칸을 완성하시오.

1 Do you know the place? You were born in the place.

➡ Do you know the place _____ you were born in?

➡ Do you know the place _____ _____ you were born?

➡ Do you know the place _____ you were born?

2 You should remember the day. We met on that day.

➡ You should remember the day _____ we met on.

➡ You should remember the day _____ _____ we met.

➡ You should remember the day _____ we met.

B 우리말과 일치하도록 괄호 안에서 알맞은 말을 고르시오.

1 우리가 여행한 그 도시는 평화로웠다.

➡ The city (when / where) we traveled was peaceful.

2 너는 비가 억수로 쏟아졌던 날이 기억나니?

➡ Do you remember the day (when / where) it rained cats and dogs?

3 지금은 우리가 시험에 집중할 때이다.

➡ Now is the time (when / which) we should focus on the exam.

C 우리말과 일치하도록 주어진 말과 관계부사를 이용하여 문장을 완성하시오.

1 여기는 그 축제가 열리는 공원이다. (park, the festival, be held)

➡ _____

2 2017년은 나의 누나가 결혼한 해였다. (the year, marry)

➡ _____

3 그 여행 가이드는 우리가 유명한 그림들을 볼 수 있는 박물관으로 우리를 이끌 것이다.
(the tour guide, lead, the museum, see, famous paintings)

➡ _____

Focus 40 관계부사 why, how

[정답 p. 29]

A 다음 문장들이 같은 뜻이 되도록 빈칸을 완성하시오.

1 Tell me the reason. You are crying for that reason.

➡ Tell me the rason _____ _____ you are crying.

➡ Tell me the reason _____ you are crying.

2 This is the way. Mina solved the problem in this way.

➡ This is the way _____ _____ Mina solved the problem.

➡ This is _____ _____ Mina solved the problem.

➡ This is _____ Mina solved the problem.

B 우리말과 일치하도록 빈칸에 알맞은 관계부사를 쓰시오.

1 그가 그 문제를 해결한 방법은 정말 간단했다.

➡ _____ he solved the problem was very simple.

2 네가 화가 났던 이유를 내게 말해 줘.

➡ Please let me know the reason _____ you were upset.

3 그녀는 엄마에게 아침을 먹는 것이 중요한 이유를 물었다.

➡ She asked her mom _____ having breakfast is important.

4 네가 사는 방법은 네가 사는 곳보다 더 중요하다.

➡ _____ you live is more important than _____ you live.

C 우리말과 일치하도록 주어진 말과 관계부사를 이용하여 문장을 완성하시오.

1 이것이 내가 그 일에 지원했던 이유이다. (apply, for the job)

➡ _____

2 Peter는 우리에게 거기에 가는 방법을 말해주었다. (tell, could, get, there)

➡ _____

3 너는 그가 피곤해 보였던 이유를 아니? (the reason, look, tired)

➡ _____

A 우리말과 일치하도록 빈칸에 알맞은 접속사를 보기 에서 골라 쓰시오.

> 보기   because   while   as soon as   so that

1 내가 집에 도착하자마자 밖에 비가 내리기 시작했다.

➡ _____ I arrived home, it started to rain outside.

2 나는 그 영화를 이미 봐서 감상평을 쓸 수 있었다.

➡ _____ I already saw the movie, I could write a review.

3 내가 샤워를 하는 동안 Sam이 내게 전화했다.

➡ Sam called me _____ I was taking a shower.

4 그들은 아기가 잠을 잘 잘 수 있도록 조용히 하려고 노력했다.

➡ They tried to keep quiet _____ the baby could sleep well.

B 밑줄 친 접속사의 의미로 알맞은 것을 고르시오.

1 <u>As</u> he is studying, he is listening to music.　　☐ 시간　☐ 이유

2 <u>As</u> I already read the book, I could recommend it.　　☐ 시간　☐ 이유

3 <u>Since</u> he has enough money, he can buy the bike.　　☐ 시간　☐ 이유

4 She has been learning Chinese <u>since</u> she was young.　　☐ 시간　☐ 이유

C 우리말과 일치하도록 주어진 말과 접속사를 이용하여 영어로 옮기시오.

1 그들이 도착할 때까지 나는 그들을 기다릴 것이다. (wait for, arrive)

➡ _____

2 그녀는 제주도에 있을 때 이 집에 머물렀다. (be, on Jeju Island, stay at)

➡ _____

3 그는 저녁을 먹기 전에 손을 씻었다. (wash, have)

➡ _____

44

Focus 42 조건, 양보를 나타내는 접속사

[정답 p. 29]

A 우리말과 일치하도록 괄호 안에서 알맞은 말을 고르시오.

1 네가 돈을 모으지 않으면 그것들을 살 수 없다.

➡ (If / Unless) you save money, you can't buy it.

➡ (If / Unless) you don't save money, you can't buy it.

2 그는 비록 부산에서 태어났지만 거기에서 자라지 않았다.

➡ (Although / Whereas) he was born in Busan, he didn't grow up there.

3 그가 오면 우리는 시작할 것이다.

➡ We (get / will get) there early, we will visit the museum.

B 우리말과 일치하도록 빈칸에 알맞은 접속사를 쓰시오.

1 그는 거칠어 보이는 반면 그의 목소리는 부드럽다.

➡ He looks tough, _____ his voice is sweet.

2 우리는 비록 어리지만 무엇을 해야 하는지는 안다.

➡ _____ _____ we are young, we know what to do.

3 만약 그 팀이 승리하면 우리는 여러분에게 무료 콜라를 제공할 것이다.

➡ _____ the team wins, we will offer a free Coke to you.

C 우리말과 일치하도록 주어진 말과 접속사를 이용하여 문장을 완성하시오.

1 네가 그 앱을 깔지 않으면 10% 할인 쿠폰을 받을 수 없다.
(unless, install, the app, get, a 10% discount coupon)

➡ _____

2 Sarah는 록 음악을 좋아하는 반면 나는 클래식 음악을 좋아한다.
(rock music, classical music)

➡ _____

3 비록 그들은 열심히 일했지만 좋은 결과를 얻지 못했다. (work hard, get good results)

➡ _____

A 우리말과 같은 뜻이 되도록 괄호 안에서 알맞은 말을 고르시오.

1 만약 내가 너라면 나는 이것을 선택할 텐데.

➡ If I (am / were) you, I (will / would) choose this one.

2 만약 Ann이 여동생이 있다면 그녀는 여동생을 잘 돌볼 텐데.

➡ If Ann (has / had) a sister, she (will / would) take good care of her.

3 만약 나에게 친구가 없다면 세상이 재미없었을 텐데.

➡ If I (don't / didn't) have friends, the world (won't / wouldn't) be fun.

B 두 문장이 같은 뜻이 되도록 빈칸에 알맞은 말을 쓰시오.

1 As we don't have homework, we can watch TV.

➡ If we ＿＿＿＿＿＿＿＿＿＿＿＿, we ＿＿＿＿＿＿＿＿＿＿＿＿ TV.

2 As you are tall, you can touch the top shelf.

➡ If you ＿＿＿＿＿＿＿＿＿＿＿, you ＿＿＿＿＿＿＿＿＿＿＿ the top shelf.

3 As it isn't raining, our field trip will not be canceled.

➡ If it ＿＿＿＿＿＿＿＿＿＿＿, our field trip ＿＿＿＿＿＿＿＿＿＿＿.

4 As he likes to play baseball, he will join the sports club.

➡ If he ＿＿＿＿＿＿＿＿＿＿ to play baseball, he ＿＿＿＿＿＿＿＿＿＿

the sports club.

C 우리말과 일치하도록 주어진 말을 이용하여 문장을 완성하시오.

1 만약 내가 어른이라면 세계를 여행하는 데 시간을 보낼 텐데.
(be, adult, spend, travel, around the world)

➡ ＿＿＿＿＿＿＿＿＿＿＿＿＿＿＿＿＿＿＿＿＿＿＿＿＿＿＿＿＿

2 네가 여기 있다면 나는 너와 함께 그 영화를 볼 텐데. (be, here, watch the movie, with)

➡ ＿＿＿＿＿＿＿＿＿＿＿＿＿＿＿＿＿＿＿＿＿＿＿＿＿＿＿＿＿

3 내게 100만원이 있다면 나는 그것을 가난한 사람들에게 줄 텐데. (have, give, people in need)

➡ ＿＿＿＿＿＿＿＿＿＿＿＿＿＿＿＿＿＿＿＿＿＿＿＿＿＿＿＿＿

Focus 44 가정법 과거완료

A 우리말과 같은 뜻이 되도록 괄호 안에서 알맞은 말을 고르시오.

1 네가 여기 왔더라면 너는 후회했을 텐데.

⇒ If you (came / had come) here, you would (regret / have regretted) it.

2 우리가 서두르지 않았다면 기차를 놓쳤을 텐데.

⇒ If we (had / hadn't) hurried, we might (missed / have missed) the train.

3 그들이 잘하지 않았다면 그 경기에서 졌을 텐데.

⇒ If they (did not / had not) done well, they might (lose / have lost) the game.

B 두 문장이 같은 뜻이 되도록 빈칸에 알맞은 말을 쓰시오.

1 As we didn't know the facts, we did that.

⇒ If we _____ the facts, we would _____ that.

2 As you didn't make enough efforts, you didn't get better results.

⇒ If you _____ enough efforts, you might _____ better results.

3 As Lisa returned the book on time, she didn't pay a fine.

⇒ If Lisa _____ the book on time, she could _____ a fine.

4 As my computer was broken, I couldn't finish the work.

⇒ If my computer _____, I could _____ the work.

C 우리말과 일치하도록 주어진 말을 이용하여 문장을 완성하시오.

1 그가 아프지 않았다면 시험을 잘 볼 수 있었을 텐데. (ill, do well, on the exam)

⇒ _____

2 그녀가 사실대로 말했다면 나는 그녀를 믿었을 텐데. (tell the truth, trust)

⇒ _____

3 그 사고가 없었다면 교통체증이 그렇게 심하지 않았을 텐데.
(there, the accident, the traffic jam, so terrible)

⇒ _____

A 우리말과 일치하도록 괄호 안에서 알맞은 말을 고르시오.

1 그는 마치 나의 형처럼 행동한다.

➡ He acts as if he (were / had been) my brother.

2 Kate는 마치 나를 잘 알았던 것처럼 말한다.

➡ Kate talks as if she (knew / had known) me well.

3 너는 마치 아무 잘못을 하지 않았던 것처럼 말한다.

➡ You talk as if you (did not make / had not made) any mistake.

4 나는 마치 머리가 아팠던 것처럼 행동했다.

➡ I acted as if I (had / had had) a headache.

B 의미가 통하도록 빈칸에 알맞은 말을 쓰시오.

1 In fact, she doesn't like spaghetti.

➡ She acts _____.

2 In fact, Jack watched the game.

➡ Jack talks _____.

3 In fact, I know his phone number.

➡ I will act _____.

C 우리말과 일치하도록 주어진 말과 as if를 이용하여 문장을 완성하시오.

1 그는 마치 그 사실을 몰랐던 것처럼 행동했다. (act, know, the fact)

➡ _____

2 나의 할머니는 마치 어린아이처럼 신이 나셨다. (excited, a little child)

➡ _____

3 너는 마치 나를 잘 아는 것처럼 말한다. (talk, know, well)

➡ _____

Focus 46 I wish 가정법

[정답 p. 30]

A 우리말과 일치하도록 괄호 안에서 알맞은 말을 고르시오.

1 네가 지금 여기 있으면 좋을 텐데.

➡ I wish you (were / had been) here now.

2 네가 여기에 있었다면 좋았을 텐데

➡ I wish you (were / had been) here.

3 내가 중국어를 배우면 좋을 텐데.

➡ I wish I (learned / had learned) Chinese.

4 우리가 중국어를 배웠으면 좋았을 텐데.

➡ I wish we (learned / had learned) Chinese.

B 의미가 통하도록 빈칸에 알맞은 말을 쓰시오.

1 I'm sorry I don't have an elder brother.

➡ I wish _____.

2 I'm sorry we didn't meet earlier.

➡ I wish _____.

3 I'm sorry there are so many people in the restaurant.

➡ I wish _____.

C 우리말과 일치하도록 주어진 말과 I wish를 이용하여 문장을 완성하시오.

1 어제 날씨가 춥지 않았으면 좋았을 텐데. (cold)

➡ _____

2 내가 그녀를 도울 수 있으면 좋을 텐데. (can, help)

➡ _____

3 Fred가 건강했다면 좋았을 텐데. (healthy)

➡ _____

[정답 p. 30]

A 다음 문장을 우리말로 옮기시오.

1 None of them were sleeping.

➡ _____

2 Not all of them were sleeping.

➡ _____

3 Sora never wears a skirt.

➡ _____

4 Sora does not always wear a skirt.

➡ _____

B 우리말과 일치하도록 빈칸에 알맞은 말을 쓰시오.

1 그들 둘 다 너를 좋아하는 것은 아니다.

➡ _____ of them like you.

2 그들 둘 다 너를 좋아하지 않는다.

➡ _____ of them like you.

3 모두가 그 시험에 통과한 것은 아니다.

➡ _____ passed the test.

4 아무도 그 시험에 통과하지 않았다.

➡ _____ passed the test.

C 우리말과 일치하도록 주어진 말을 이용하여 문장을 완성하시오.

1 모든 학생들이 공부를 좋아하는 것은 아니다. (not, all, like, study)

➡ _____

2 나는 항상 늦게 자는 것은 아니다. (always, go to bed, late)

➡ _____

Focus 48 간접의문문

[정답 p. 30]

A 두 문장이 같은 뜻이 되도록 빈칸에 알맞은 말을 쓰시오.

1 Do you know? Who stole your bike?

➡ Do you know _____?

2 Can you tell me? Will the boy come to the party?

➡ Can you tell me _____?

3 Do you think? Where does he want to go?

➡ _____ to go?

B 우리말과 일치하도록 주어진 말을 바르게 배열하시오.

1 너는 다음에 무엇이 나올지 추측할 수 있니?
(can / will / what / guess / next / you / come)

➡ _____

2 나는 우리가 제시간에 도착할 수 있을지 모르겠다.
(arrive / know / in time / I / we / don't / if / can)

➡ _____

3 너는 그가 어떻게 그 문제를 풀었는지 아니?
(how / the problem / do / he / know / solved / you)

➡ _____

C 우리말과 일치하도록 주어진 말을 이용하여 문장을 완성하시오.

1 나는 왜 그들이 그렇게 말하는지 모르겠다. (know, why, say that)

➡ _____

2 너는 그녀가 무엇을 만들 것이라고 생각하니? (what, think, make)

➡ _____

3 그 선수가 괜찮은지 나에게 말해줄래? (can, tell, if, the player, okay)

➡ _____

A 밑줄 친 부분을 강조하여 문장을 다시 쓰시오.

1 I met Mina <u>in the library</u> for the first time.

➡ _____

2 We watched <u>this movie</u> at the theater.

➡ _____

3 Jack <u>made</u> this robot for you last year.

➡ _____

B 우리말과 일치하도록 보기 의 문장을 바꿔 쓰시오.

> 보기　Peter and Ann married in the garden last week.

1 지난주에 정원에서 결혼한 사람은 바로 Peter와 Ann이었다.

➡ _____

2 Peter와 Ann이 지난주에 결혼한 곳은 바로 정원에서였다.

➡ _____

3 Peter와 Ann이 정원에서 결혼한 때는 바로 지난주였다.

➡ _____

4 Peter와 Ann이 지난주에 정원에서 정말 결혼했다.

➡ _____

C 우리말과 일치하도록 주어진 말을 이용하여 영어로 옮기시오. (강조 문장으로 쓸 것)

1 우리가 만날 장소는 바로 학교 앞이다. (it, will, in front of, meet)

➡ _____

2 그 사고에서 부상당한 사람은 바로 민호였다. (it, injure, car accident)

➡ _____

3 Sally가 오늘 나의 집에 정말 온다. (do, come)

➡ _____

Focus
50 도치

A 밑줄 친 부분을 강조할 때 괄호 안에서 알맞은 말을 고르시오.

1 He did <u>nothing</u> after dinner.

➡ Nothing (he did / did he do) after dinner.

2 My dog was <u>on the sofa</u>.

➡ On the sofa (my dog was / was my dog).

3 I expected <u>little</u> to meet you here.

➡ Little (I expected / did I expect) to meet you here.

B 밑줄 친 부분을 강조하여 문장을 다시 쓰시오.

1 The bus stop is <u>on the left</u>.

➡ _____

2 We could <u>hardly</u> think about the result.

➡ _____

3 A rainbow hung <u>in the sky</u>.

➡ _____

C 우리말과 일치하도록 주어진 말을 바르게 배열하시오. (도치 문장으로 쓸 것)

1 길을 따라 우리는 걸었다. (along / we / the road / walk / did)

➡ _____

2 그 여자아이는 결코 당근을 먹지 않았다. (carrots / did / never / have / the girl)

➡ _____

3 그는 다른 사람과 거의 말을 하지 않는다. (to / he / seldom / did / talk / others)

➡ _____

특별훈련

서술형
Writing 2 실력

Workbook